¡SEÑOR, AYÚDAME A CAMBIAR!

*El poder de Dios puede
transformar su vida*

James MacDonald

PORTAVOZ

Título del original: *I Really Want to Change… So, Help Me God* © 2000 por James MacDonald y publicado por Moody Publishers, 820 N. LaSalle Boulevard, Chicago, IL 60610. Traducido con permiso.

Edición en castellano: ¡Señor, ayúdame a cambiar! © 2012 por Editorial Portavoz, filial de Kregel Publications, Grand Rapids, Michigan 49501. Todos los derechos reservados.

Traducción: Daniel Menezo

EDITORIAL PORTAVOZ
P.O. Box 2607
Grand Rapids, Michigan 49501 USA
Visítenos en: www.portavoz.com

ISBN 978-0-8254-1835-8 (rústica)
ISBN 978-0-8254-0348-4 (Kindle)
ISBN 978-0-8254-8518-3 (epub)

1 2 3 4 5 / 16 15 14 13 12

Impreso en los Estados Unidos de América
Printed in the United States of America

Para Kathy,
la compañera de mi vida en el amor, el servicio y los cambios,
quien me exhorta,
me respalda
y me da ejemplo.

CONTENIDO

PREFACIO

Una de las experiencias más preciosas de este mundo es ver el cambio espiritual en las vidas de los hijos de Dios. Aunque la Biblia rebosa de promesas que dicen que el Señor desea y es capaz de producir ese cambio, la realidad es que la mayoría de nosotros ve poco crecimiento personal comparado con la grandeza del poder de Dios que tenemos a nuestra disposición por medio del Espíritu Santo.

Los pastores y los maestros bíblicos somos muy conscientes de que debemos ser transformados "de gloria en gloria" por medio de nuestro caminar con Dios, de modo que hemos sido testigos de muchos esfuerzos sinceros para rescatar a cristianos del dilema descrito por el apóstol Pablo: "Porque lo que hago, no lo entiendo; pues no hago lo que quiero, sino lo que aborrezco, eso hago" (Ro. 7:15). Lamentablemente, con demasiada frecuencia esto ha llevado a los creyentes a "esforzarse más" basándose en sus propias fuerzas, o a hacer promesas a Dios, convencidos de que *esta vez* las cumplirán.

Mi amigo James MacDonald ha escrito un libro muy valioso que aborda honestamente el problema. Tiene una base bíblica y supone un reto, pero al mismo tiempo está escrito con compasión y con ternura. Nos llama a presentar *todas* nuestras necesidades a Cristo, para que nuestras vidas glorifiquen a Dios como nunca antes y produzcan en nosotros un nuevo cántico de alabanza a Aquel que puede librarnos de caer.

JIM CYMBALA
PASTOR DE THE BROOKLYN TABERNACLE
AUTOR DE ÉXITOS DE VENTAS

AGRADECIMIENTOS

Proverbios 3:27 dice: "*No te niegues* a hacer el bien a quien es debido, cuando tuvieres poder para hacerlo". Me encanta este versículo. Expresa a la perfección lo que hay en mi corazón ahora que termino de escribir este libro.

Doy gracias a mi esposa, a quien dedico este libro. También estoy agradecido a mis tres hijos, Luke, Landon y Abby, que tienen una forma tan fresca y entusiasta de enfocar la vida que constantemente dotan de energía a mi deseo de cambiar. También estoy agradecido a mis padres, por el fundamento de respaldo amoroso y de compromiso con Cristo que han aportado a mi vida, como una bandera de ánimo.

Doy las gracias a mi ayudante incansable, Kathy Elliott, que se entregó a este proyecto con la misma pasión y perfección que caracteriza todo su servicio a Cristo. Gracias también a Rose Sabatino, que transcribió cada uno de los capítulos cuando aún eran sermones, prestando una gran atención a los detalles. Doy gracias a Rick, Jim y Kent, así como a los otros ancianos de la iglesia Harvest Bible Chapel, cuya colaboración en el ministerio me permitió conceder a este proyecto el tiempo que necesitaba. Y mi gratitud a los miembros de la Harvest Bible Chapel, mis compañeros en el cambio durante más de diez años.

Gracias también a Jim Bell, Christine Gale, Bill Soderberg, Bill Thrasher, Greg Thornton y Jim Vincent de Moody Press, y al Dr. Joe Stowell, presidente del Moody Bible Institute. Cada uno a su manera ha respaldado la redacción de este libro.

Sobre todo, estoy agradecido por el ministerio persistente, amoroso y santificador del Espíritu Santo de Dios. Ha habido muchas ocasiones, desde que vine a Cristo, en las que el cambio personal fue aquello en lo que menos pensaba en mi vida. Fueron momentos en los que pensar en escribir un libro sobre cómo Dios cambia a las personas me hubiera hecho reír a carcajadas, porque en esos instantes luchaba por obtener la victoria en mi propia vida.

Sin embargo, en medio de todo eso, el Señor ha estado fielmente a mi lado en los momentos de fracaso y de desánimo, y también en las épocas de rebelión y desencanto. Llevo más de treinta años siendo seguidor de Cristo. Y, más que nunca, puedo decir por experiencia: "Estoy convencido de esto: el que comenzó tan buena obra en ustedes la irá perfeccionando hasta el día de Cristo Jesús" (Fil. 1:6, NVI).

Ruego que Dios use este libro para acelerar sus planes de transformación *en usted.*

UNA INVITACIÓN

¡Hola! Gracias por haber elegido un ejemplar de *¡Señor, ayúdame a cambiar!* Sé que usted está muy ocupado, y que son muchos los libros entre los que podría elegir. Este libro no es para todo el mundo, de modo que permítame que muestre respeto por su tiempo ayudándole a decidir si realmente es para usted.

Las siguientes explicaciones le ayudarán a decidir rápidamente si necesita un libro como este. Lea cada una de ellas y luego responda a las preguntas.

Primero, este libro pretende ayudar de verdad a la gente a cambiar. No está pensado para las personas que quieren analizar diversas estrategias para el cambio. No es un libro que analice cómo hacerlo mejor y por qué "los demás" lo están haciendo mal. No va destinado al profesor, pastor o consejero que quiere debatir cómo se producen los cambios. Es para las personas que anhelan cambiar desesperadamente. En otras palabras, es un manual práctico de "cómo se hace", no un análisis filosófico de cómo pueden cambiar las personas.

1. ¿**QUIERE** USTED CAMBIAR? SÍ O NO (MARQUE UNO)

Segundo, este libro habla del cambio en usted, no en otros. Habla de la transformación *personal*. No pretende darle munición para que ataque los defectos de carácter de quienes le rodean. Es un manual de cirugía "hágalo usted mismo". *¡Señor, ayúdame a cambiar!* pretende localizar y erradicar los "tumores" de su propia vida que le impiden disfrutar del gozo y de la felicidad que su Creador anhela concederle.

2. ¿QUIERE **USTED** CAMBIAR? SÍ O NO (MARQUE UNO)

Tercero, este libro habla del cambio, no del crecimiento. El crecimiento es como un barco que navega: avanza lentamente y con seguridad hacia la tierra distante que es la madurez. El cambio es mucho más radical. Es como cuando el capitán grita: "¡Rápido, todos a sacar el agua del barco! ¡Tenemos un agujero en el casco y, a menos que lo arreglemos, nos hundiremos!". El crecimiento trata de aumentar la fortaleza de quienes ya somos, mejorando quien ya soy. El cambio consiste en volverse diferente, radicalmente distinto, ¡y cuanto antes, mejor! El cambio exige la eliminación de rasgos de carácter y de patrones de conducta que perjudican mi vida y la de quienes me rodean. El crecimiento se centra en la salud y en la felicidad, futuros y constantes. El cambio se centra en algo crítico, el ahora, tengo que ser diferente o la caída será grande. El crecimiento habla de la reforma; el cambio habla de la transformación.

3. ¿QUIERE USTED **CAMBIAR?** SÍ O NO (MARQUE UNO)

Cuarto, este libro habla del cambio de acuerdo con la Palabra de Dios, la Biblia, no de la renovación personal. Dada la gran cantidad de manuales de autoayuda y de artículos publicados que reclaman la transformación personal, prácticamente no hay una sola persona entre nosotros que no conozca el sufrimiento que supone intentar y fracasar recurriendo a una metodología de autoayuda. Si fuera posible cambiarnos a nosotros mismos, todo el mundo lo haría. ¡Lo cierto es que solamente Dios puede cambiarnos! Este libro analiza el plan que tiene Dios para que la gente cambie, tal como figura en la Biblia, y excluye cualquier otro plan hecho por el hombre. Buena parte de la denominada "autoayuda" no es más que la introducción de algunos reajustes superficiales, un "maquillaje" que deja el corazón igual. "El hombre mira lo que está delante de sus ojos, pero Jehová mira el corazón" (1 S. 16:7).

4. ¿QUIERE USTED CAMBIAR *A LA MANERA DE DIOS?* SÍ O NO (MARQUE UNO)

Por último, este libro habla de "cómo" cambiar, pero muy poco de "qué" debe cambiar o "por qué". Si le cuesta hallar algo en su vida que realmente necesite una transformación, este libro no es para usted. Si sabe que algo anda mal pero no está seguro de qué es, hay otros libros que le ayudarán a localizar el problema. Este es un libro para las personas que saben lo que necesitan cambiar, y que están dispuestas a hacer lo que sea necesario para conseguirlo. Quieren cambiar *de verdad*.

5. *¿QUIERE USTED CAMBIAR? SÍ O NO (MARQUE UNO)*

Si sigue leyendo esto, es que hay una gran parte de su persona, como mínimo, que quiere cambiar. Quizá sienta el peso de las deficiencias de su propio carácter. Tal vez haya un pecado que parece recurrente, que cree que ha derrotado pero que vuelve a aparecer en su vida. Quizá su matrimonio tenga problemas. Quizá esté esclavizado a un hábito y sienta el dolor que supone caer de bruces después de haber prometido (con sinceridad) que nunca volvería a "hacerlo". Puede que esté hiriendo profundamente a las personas que le rodean, y quiere dejar de hacerlo. A lo mejor tiene una manera de relacionarse con las personas que las distancia de usted, y que hace mucho daño a ambas partes. Puede que su vida le resulte muy distinta a lo que había pensado, y que quiera encauzarla en una nueva dirección antes de que sea demasiado tarde.

Sea cual sea la situación concreta, si cree que existe un Dios y está abierto a considerar lo que dice la Biblia sobre cómo cambiar, *¡este libro es para usted!* Si ha elegido este libro teniendo en mente sus propios problemas y quiere sinceramente hallar una puerta que le lleve a la transformación personal, *¡este libro es para usted!*

Le invito a que se una a mí para descubrir esas áreas de su vida que necesitan un cambio, el proceso bíblico del cambio, y el poder tras el cambio duradero en los capítulos siguientes. El cambio es *posible*. Es el plan de Dios para nuestras vidas.

Si puede decir sinceramente "¡Señor, ayúdame a cambiar!", no cabe duda de que ¡este libro es para *usted*! Siga leyendo.

JAMES MACDONALD

INTRODUCCIÓN
CÓMO APROVECHAR AL MÁXIMO ESTE LIBRO

El cambio no resulta fácil. Siempre es difícil y, en ocasiones, doloroso. Los resultados del cambio son tremendamente productivos y satisfactorios, pero el proceso puede ser todo un sufrimiento. Por ese motivo no voy a andarme con tapujos. Este no es un libro para acurrucarse con él junto a la chimenea, y en estas páginas no encontrará paños calientes. Lo que encontrará es el tipo de verdades que Jesús prometió que "los hará libres" (Jn. 8:32, NVI).

Este libro tiene tres partes en el camino hacia el cambio duradero:

1. *La preparación para el cambio.* Estos tres capítulos le pondrán en el camino para cambiar. Aprenderá a elegir el mejor método, a trabajar con Dios y a determinar las áreas concretas que necesita cambiar en primer lugar.
2. *El proceso del cambio.* Los siguientes cuatro capítulos describirán el método bíblico para decir "no" a los patrones pecaminosos, y "sí" a las cosas buenas que Dios desea para usted.
3. *El poder para cambiar.* No podemos cambiarnos solos. Sin la ayuda de Dios, nuestros esfuerzos para cambiar siempre fracasarán. El libro concluye con tres capítulos que explican cómo experimentar el poder de Dios de manera personal y constante.

Cada capítulo incluye cinco herramientas útiles que le ayudarán en el viaje hacia el cambio, permitiéndole entender los conceptos clave y aplicarlos en su vida. Use cada una con diligencia, y verá cómo llegan los cambios bíblicos. Estas cinco herramientas son:

- *Concepto clave.* Cada capítulo comienza con un resumen de la verdad que contiene. Léalo y sabrá adónde nos dirigimos.

- *Un estudio bíblico.* ¿Sabe usted que Dios ha escrito un libro? La Biblia, que vende millones de ejemplares cada año y que ve tantas vidas transformadas por su verdad, es un libro que debe tomarse en serio cualquier persona que quiera cambiar de verdad. La Biblia es el único libro sobre cómo cambiar que cuenta con la garantía al cien por cien del Creador del universo. Por eso, cada capítulo contiene varias lecciones que detallan una parte del patrón divino para cambiar que hallamos en la Biblia.
- *Preguntas para estudio.* Casi todos, por no decir todos, los problemas personales y conductuales que nos encontramos en este mundo son el resultado de la ignorancia, la rebelión o el desánimo. No sabemos cómo vivir (eso es ignorancia) o sabemos, pero no queremos adaptarnos a lo que sabemos (eso es rebelión). O quizá sepamos y *estemos* dispuestos a adaptarnos, pero como hasta ahora hemos fracasado nos hemos decepcionado. Son tres problemas muy diferentes. El final de cada capítulo incluye tres tipos de preguntas destinadas a examinar su vida en función de su mayor necesidad.

  "Las preguntas del maestro". Estas preguntas van dirigidas a su mente, e intentan mejorar su comprensión de un asunto concreto relacionado con el cambio personal; son una especie de "examen" para ver si realmente lo entiende.

  "Las preguntas del profeta". En los tiempos bíblicos, por lo general los profetas eran bastante agresivos, y andaban buscando el pecado en las vidas de las personas. Estas preguntas pretenden decir las cosas con un lenguaje directo y conciso. Puede que le hagan sentirse un tanto incómodo, pero el objetivo es retarle con esa verdad que tal vez conozca, pero contra la que se rebeló.

  "Las preguntas del pastor". Para algunos, el tema central no es la ignorancia o la rebelión. Por eso, el objetivo de estas preguntas es fomentar la esperanza. Si usted lucha por encontrar la fortaleza para introducir el plan de Dios para el cambio, responder sinceramente a estas preguntas debería ayudarle. Respóndalas honestamente, y sucederán grandes cosas en su vida.
- *Manos a la obra.* Al final de cada capítulo encontrará también

un ejercicio concreto para ayudarle a poner por obra lo que aprenda. Es esencial que haga este ejercicio antes de seguir adelante. En ocasiones le resultará difícil, extraño o vergonzoso. Si el cambio fuera fácil, todo el mundo lo haría. Permita que su pasión de ser distinto le ayude a superar el "trabajo duro" del cambio, y verá resultados.

- *¡Alce la vista!* Una vez que haya descargado la verdad en su vida y en su experiencia, tiene que presentarse directamente ante Dios con ella. Cada capítulo concluye con una oración que le ayudará a expresar verbalmente lo que aprende y a conectar con el Único que puede otorgarle el poder para cambiar.

Exceptuando el capítulo 5, las preguntas de estudio, los ejercicios y las oraciones que cierran cada capítulo siguen el mismo orden. Sin embargo, puede que usted, entre un capítulo y otro, desee variar el orden en que las responde, dependiendo de hacia dónde le guíe el Señor. Siéntase con libertad para hacerlo. Además, para algunas de las tareas, tendrá que dedicar un tiempo a escribir. Puede que quiera usar un bloc de notas o un diario para registrar su progreso.

Recuerde que este libro no pretende llenarle la mente de información sin que avance. Este libro habla de un usted distinto. Después de mucha oración y reflexión, creo que puedo prometerle, con un cien por cien de seguridad, que si aplica a su corazón y a su vida los principios bíblicos contenidos en este libro, ¡cambiará!

Y ahora, una nota personal. Por favor, no interprete la naturaleza directa de mi mensaje como frialdad o indiferencia ante el sufrimiento que uno siente cuando necesita cambiar. Cuando empecé mi ministerio pastoral, hace casi quince años, me proponía cambiar el mundo, pero aprendí, rápidamente y con dolor, que Dios estaba más interesado en que yo cambiara. Las verdades de este libro están teñidas con mis propias lágrimas por haberlo intentado y fracasado, y por volver a intentar ser el hombre que Dios quiere que sea (más tarde hablaremos del tema). En nuestra época, demasiada literatura cristiana nos entretiene y nos tranquiliza sin comunicar la verdad transformadora del evangelio. Intentaré evitar ese error. Con la urgencia de un corazón amoroso, escribo para usted y sus circunstancias.

Usted dirá: "¡Pero usted no conoce mi situación!", y tiene razón. Pero en las horas incontables que he pasado orando, escribiendo y predicando sobre este material, seguramente habré pensado en una situación parecida a la suya. Usted me interesa, y quiero que crea que el cambio es posible. Su vida puede ser muy diferente a lo que es ahora. ¡Sí, puede serlo! *Dios le ama y quiere derramar en su vida su poder transformador.*

De hecho, este es el tema del primer capítulo. Por tanto, ya estamos listos para empezar. Antes de hacerlo, concédame un momento para que oremos juntos. Mi deseo es que su corazón y su mente estén listos para este mensaje, de modo que esta oración es por usted (es una que he pronunciado con ligeras variantes durante el desarrollo y la redacción de este libro). "Alcemos la vista" juntos, orando por la eficacia del mensaje que vendrá a continuación.

¡ALCE LA VISTA!

Querido Padre celestial:

Gracias por amarnos con tanta fidelidad. Gracias porque tu amor no depende de nuestros actos. Gracias porque nos amas cuando hacemos el bien pero también cuando hacemos lo que está mal. Te rogamos que nos perdones por usar esa verdad como excusa para seguir pecando.

Señor, ruego por la persona que tiene este libro entre sus manos, alguien tan precioso para ti, a quien conoces con tanta perfección, y a quien amas de una manera tan absoluta y eterna.

Señor, haz nacer en su corazón la esperanza de que usarás estas verdades para transformar su vida. Que gracias a estas páginas sienta un nuevo anhelo de descubrir lo que tienes para él o ella.

Dótale de la concentración necesaria mientras lee y de la diligencia para aplicar estas verdades. Que tu Palabra aporte luz, y tu Espíritu, esperanza. Te ruego un cambio genuino en su vida, y el gozo perdurable que prometes a quienes obedecen tu Palabra. Te ruego esto para que muchos otros lleguen a conocer el poder transformador de Jesucristo y extiendan la fama de su nombre. Amén.

Parte 1

LA PREPARACIÓN PARA EL CAMBIO

El cambio personal se parece a la construcción de una casa. Antes de empezar, tiene que prepararse. Si quiere cumplir su objetivo, necesitará un constructor, unos planos y unos materiales. En los tres primeros capítulos quiero que se familiarice con su Constructor y Creador, que es Dios (He. 11:10), y deseo ayudarle a reunir los materiales básicos para la transformación.

Por favor, no se impaciente con esta parte y pase corriendo al proceso de cambio. Si no se prepara para cambiar, nunca alcanzará su meta.

1 SAQUE LA BASURA

CONCEPTO CLAVE:
El cambio genuino se consigue solo mediante la
comunión con Dios, y empieza con el rechazo de
todos los métodos de cambio egocéntricos.

Me encanta contar historias de cambios: relatos dramáticos y detallados del poder transformador del Dios Todopoderoso. ¿Ha oído hablar de Chuck Colson? ¡Esa sí que es una persona transformada! Formaba parte del equipo político de Richard Nixon. Era una persona brutal e implacable. En su calidad de ayudante entusiasta del presidente, en cierta ocasión declaró: "Si fuera necesario, pasaría por encima de mi abuela para garantizar la reelección del presidente".

Sin embargo, a principios de los años 70, el mundo entero de Colson se vino abajo. Se declaró culpable de obstrucción a la justicia en el caso Watergate, y pasó siete meses en la prisión federal de Maxwell en Alabama. Fue humillado ante todo el mundo.

En medio de eso, Chuck Colson descubrió una relación personal con Jesucristo. Cuando fue a la cárcel y comenzó a manifestar su fe y a crecer en ella, muchas personas pensaron: "¡Sí, claro! Ahora Chuckie es religioso. ¡Menuda broma! No durará". Pero, ¿sabe una cosa? Sí duró.

Colson dijo: "No quiero ser salvo solamente. No quiero ser solo perdonado. Quiero ser transformado". Y lo ha sido, convirtiéndose en uno de los mayores líderes cristianos de nuestro mundo moderno. Es una fuerza poderosa. Su vida toca cada año a cientos de miles de personas, hombres y mujeres, encerrados en prisión, por medio de un ministerio que inició y al que llamó Prison Fellowship [Comunión en la cárcel]. Es escritor y líder, y manifiesta un esfuerzo incansable para extender las buenas noticias sobre Jesús. Colson ha recibido numerosos premios por su influencia en nuestro mundo.

Chuck Colson pasó de ser un sicario político implacable a ser un ministro amante y altruista del evangelio de Jesucristo. *¡Transformado!* ¡Y usted también puede serlo!

SACAR LA BASURA

"¡Saca la basura!". En mi casa, cuando yo era pequeño, esta no era una sugerencia cariñosa. Era más bien una orden dura, que me daban gritando, destinada a que alguien hiciese algo que todos detestaban hacer. Aunque parece mentira, en una familia con cuatro hermanos, normalmente todos recordábamos que, justo la semana anterior, habíamos sido los encargados de desempeñar aquella misión. Hasta el día de hoy aborrezco sacar la basura. ¿Por qué? Sencillamente, porque dentro de aquellas bolsas no había nada que yo quisiera conservar, solo restos desagradables de comida, envoltorios y cosas así… bueno, basura.

En este capítulo tendremos que sacar algo de basura, y puede que a usted no le guste. Será algo negativo. En realidad, el motivo de esa negatividad es bastante sencillo: creo y he observado que el motivo número uno por el que no cambiamos es porque, en algún momento del pasado, hemos intentado cambiar, hemos fracasado y, durante ese proceso, nos hemos sentido heridos profundamente. Después de probarlo varias veces, renunciamos. Llegamos a la conclusión de que el único dolor peor que la necesidad de cambiar es intentar hacerlo y fracasar.

Pero tengo que decirle algo: cuando seguimos el plan de Dios para cambiar, *siempre* funciona. Si usted ha intentado cambiar y ha fracasado, es porque ha intentado hacerlo usando un método no bíblico. Esta es la basura que hemos de sacar: ¡los métodos ineficaces! Tendremos que descubrir cuáles son, y luego barrerlos de la mesa y meterlos en la basura, de modo que podamos, de una vez por todas, centrarnos exclusivamente en el programa de Dios para el cambio. Es un trabajo desagradable pero, si queremos cambiar, tendremos que hacerlo.

He escuchado a alguien decir: "Si sigo haciendo lo que he hecho hasta ahora, obtendré los mismos resultados de siempre". Es cierto, ¿verdad? Ahora examinaremos tres métodos psicológicos incorrectos y otros tres espirituales, que también lo son: las cosas que siempre hemos hecho. Comprobaremos que son solo basura, que no tienen valor. ¿Me sigue? Vamos a hacerlo juntos. ¡Saquemos la basura!

MÉTODO INCORRECTO #1: EL CAMBIO DE ENTORNO

El cambio de entorno es un enfoque que popularizó John Watson y, más tarde, B. F. Skinner. Puede que reconozca este concepto bajo el nombre de *conductismo*, una forma muy popular (pero equivocada) de cambiar. El conductismo sostiene la idea de que el entorno condiciona a una persona para que se comporte de determinadas maneras, que usted es el resultado del entorno del que procede. Por consiguiente, cambie su entorno y usted cambiará.

Skinner y Watson se basaban firmemente en los resultados de un experimento que realizó un psicólogo ruso llamado Pavlov. Puede que haya oído hablar del experimento o del propio Pavlov. Era el tipo con los perros que babeaban. Pavlov colocaba alimentos delante de un perro y este empezaba a salivar. Entonces, Pavlov hacía sonar un timbre justo antes de llevar la comida al animal. Después de incontables repeticiones de escuchar el timbre justo antes de recibir unos sabrosos alimentos, el perro salivaba en cuanto escuchaba el sonido, aunque nadie le llevara comida. Pavlov llegó a la conclusión de que al perro lo había cambiado su entorno, y llamó a esto condicionamiento.

Partiendo de estos resultados, Pavlov, y más tarde Skinner y Watson, llegaron a la conclusión de que la mayor parte de la conducta humana, si no toda, es el resultado del condicionamiento.

Como sucede con la mayoría de teorías psicológicas, esta tiene una parte de razón. Sin duda, la conducta se ve influida por patrones de pensamiento que se formaron a lo largo de un periodo de tiempo dilatado. El problema con el conductismo es doble:

1. Entre el entorno y el cambio no existe necesariamente una relación de causa-efecto. De hecho, se han realizado estudios sobre gemelos idénticos procedentes de un entorno también igual. Podríamos esperar que al crecer fueran adultos muy parecidos, pero a menudo han sido tan diferentes como la noche y el día. Aunque el entorno puede constituir un factor en el tipo de

persona en que usted se convierta, no es la causa determinante de la formación del carácter ni de su transformación.

2. Cambiar el entorno no conduce automáticamente a un cambio en la persona. Un entorno perfecto no produce una persona perfecta. ¿No era perfecto el entorno originario? Adán y Eva tenían un medio ambiente magnífico en Edén, un entorno de jardines hermosos y fructíferos. El propio Dios dijo que era perfecto (Gn. 1:31), ¡y sin embargo Adán y Eva pecaron! Por consiguiente, el entorno *no* condiciona en quién me convierto.

Pensemos en la historia del hijo pródigo en Lucas 15. Ahí tenemos a alguien que dijo: "¿Sabe una cosa? Voy a cambiar mi entorno. Últimamente mi padre no me acaba de gustar. Estoy harto de trabajar en esta hacienda absurda. Mi hermano me pone los nervios de punta. Además, el estilo de vida aquí es demasiado restrictivo. Voy a salir de aquí inmediatamente". (Esto es una paráfrasis, claro).

Puede leer la historia usted mismo en Lucas 15:

Un hombre tenía dos hijos; y el menor de ellos dijo a su padre: Padre, dame la parte de los bienes que me corresponde; y les repartió los bienes. No muchos días después, juntándolo todo el hijo menor, se fue lejos a una provincia apartada; y allí desperdició sus bienes viviendo perdidamente. Y cuando todo lo hubo malgastado, vino una gran hambre en aquella provincia, y comenzó a faltarle. (vv. 11-14)

Al final encontró trabajo en una granja. Allí acabó dando de comer a los cerdos, y deseando comer lo que comían aquellos. Los versículos 17 y 18 nos informan de que: "Y volviendo en sí, dijo: ¡Cuántos jornaleros en casa de mi padre tienen abundancia de pan, y yo aquí perezco de hambre! Me levantaré e iré a mi padre, y le diré: Padre, he pecado contra el cielo y contra ti…".

La idea es esta: el joven pensaba que el problema radicaba en su entorno: su familia, el modo en que le habían criado, el estilo de vida que le proporcionaron. Por tanto, se marchó en busca de un entorno nuevo. La Biblia dice que, "volviendo en sí", se dio cuenta de que el problema era *él*, no lo que le rodeaba. Quizá usted haya luchado por cambiar, y le haya tentado la idea de que un cambio de entorno alterará el modo en que se siente: un trabajo nuevo, una nueva ciudad, una nueva pareja. "Echemos lo viejo, metamos lo nuevo, ¡y todo será felicidad!". ¡Esto es mentira!

Nuestro problema radica en nuestro interior, no en lo que nos rodea. Nosotros somos quienes necesitamos un cambio, no nuestro entorno. Este método tiene que ir a la basura. El conductismo es pura fachada; no funciona.

MÉTODO INCORRECTO #2: EL CAMBIO A BASE DE DESENTERRAR EL PASADO

Hoy día un concepto popular es este: "Soy como soy debido a mi pasado". La teoría psicológica que intenta remediar nuestros problemas a partir del pasado es el *psicoanálisis*. Un médico austriaco llamado Sigmund Freud lo desarrolló hace más de un siglo. Freud enseñó que la conducta humana está determinada por los recuerdos dolorosos que se encuentran enterrados en nuestro subconsciente. Freud creía que expulsamos de nuestra mente consciente toda consciencia de pensamientos, necesidades o experiencias que nos resultan inaceptables a nosotros mismos o a otros, e intentamos ocultarlas en lo más profundo de nuestro ser. Lo que dice el psicoanálisis es esto: "Ahí abajo hay algo. Usted no es consciente de ello, pero está ahí en lo más oscuro. Puede que usted no lo recuerde, pero le controla. Es su pasado. Son sus padres. Es alguna experiencia dolorosa. Le hace sentir temor. Le hace enojarse. Hace que usted se deprima".

El psicoanálisis enseña: "¡Tiene que desenterrar su pasado y sacarlo todo a la luz! Descubra lo que hay en el fondo, y expúlselo. No cambiará de verdad hasta que haga esto".

El problema de todo esto es que el mensaje bíblico es bastante opuesto. Esto es lo que dice Dios:

LA CLAVE PARA CAMBIAR ES OLVIDAR, NO RECORDAR.

Pensemos en la vida de José. Si hubo alguien que fuera el candidato perfecto para diez años de terapia debido a un pasado doloroso, ese fue José. Este hombre fue mimado por su padre, cuando era pequeño, y al final sus hermanos le ridiculizaron y le rechazaron. Por último, en determinado momento sus once hermanos le dejaron desnudo, le arrojaron a un pozo y luego, tras sacarlo, lo vendieron como esclavo a los egipcios. ¿No le afectaría a usted para siempre una experiencia así? Luego José consiguió trabajo en Egipto; trabajaba mucho e intentaba salir adelante cuando la esposa de su amo le acusó falsamente de intentar violarla. Incapaz de defenderse, José fue encadenado en una celda infestada de ratas, donde pasó varios años olvidado por todos.

Podríamos pensar que José se vería destrozado de por vida, o tendría que pasar por incontables horas de terapia para procesar todo aquel sufrimiento. Sin embargo, la Biblia enseña algo muy distinto. En medio de todas aquellas vivencias, José vio a un Dios soberano que actuaba. ¿Estuvo José abatido alguna vez? Sí, pero no fue destruido. ¿Sintió dolor y soledad, angustia y, en ocasiones, desespero? Sí, pero José encontró una manera mejor de abordar ese sufrimiento. Olvidó la injusticia, confió en un Dios sabio y soberano, y prosiguió con su vida.

En Génesis 45:8, José miró a los ojos a aquellos hermanos que tanto daño le habían hecho y dijo: "Fue Dios quien me envió aquí, y no ustedes. Él me ha puesto como asesor del faraón y administrador de su casa, y como gobernador de todo Egipto" (NVI).

Solo para asegurarnos de que la idea queda clara, las Escrituras citan a José, afirmando de nuevo ese mensaje en Génesis 50:20: "Es verdad que ustedes pensaron hacerme mal, pero Dios transformó ese mal en bien" (NVI). ¿Pecaron contra él? ¡Sí! ¿Fue un acto malvado? ¡Sí! Pero, ¿lo usó Dios para bien de José? ¡Sí, Dios lo hizo! Como confirmación de que José encontró la sanidad al olvidar su pasado, llamó a su primer hijo Manasés, que significa "el Señor me hizo olvidar".

Aquí tenemos una lección sobre el cambio: pedir a Dios gracia para olvidar el pasado. La técnica de desenterrar el pasado es un método de cambio mundano e incorrecto. La transformación no consiste en recordar, ¡ni en sacar a la luz cosas que pueden haber sucedido o no! Tiene que ver con perdonar y olvidar. Consiste en confiar en un Dios soberano. Radica en centrarme en mi propia necesidad de cambiar, y decir junto al apóstol Pablo: "olvidando lo que queda atrás" (Fil. 3:13).

¿Es importante abordar el pasado? ¡Por supuesto! Dios no quiere que finjamos nada. Quiere que nos enfrentemos al pasado y lo resolvamos centrándonos en el perdón, y dejándolo a nuestra espalda. La respuesta no está en el pasado, y el proceso de examinarlo jamás nos conducirá al cambio que anhela nuestro corazón. ¿Alguna vez ha intentado transformarse desenterrando su pasado? Busque una bolsa grande de basura y meta esa técnica de cambio donde debe estar.

MÉTODO INCORRECTO #3: EL CAMBIO MEDIANTE EL AUTODESCUBRIMIENTO

Hasta los propios psicólogos empezaron hace poco a criticar el conductismo y el psicoanálisis, al darse cuenta de que no ayudaba a las personas. (Investigaciones demuestran que aquellos que participan de este tipo de terapia tienen menos probabilidades, por estadística, de ver una transformación personal en sus vidas que si no hicieran nada en absoluto). Más recientemente (en torno a 1960), Abraham Maslow y Carl Rogers propusieron un tercer método erróneo para ayudar a las personas: la *psicología humanista*. Este tipo de psicología enseña que las personas están controladas por sus valores y sus elecciones. El objetivo de este enfoque es que las personas descubran su propio potencial, accediendo luego a él. En Norteamérica, este es el método erróneo más popular para introducir cambios en la vida. Vemos este mensaje cada día en diversas formas, desde los anuncios televisivos hasta la Internet: "La respuesta se encuentra en su interior. Encuéntrese a sí mismo. Ámese, ayúdese. Usted tiene la respuesta. Encuéntrela en su interior. Usted está bien. Sea todo lo que puede ser". Y más cosas por el estilo…

Yo me planteé lo penetrante que puede ser esta idea, de modo que busqué en Amazon.com, la librería número uno de la Internet, y tecleé en su buscador la palabra *autoayuda*. Ahí estaban: 12.223 resultados. Por el contrario, solo había 11.329 sobre Dios y 11.414 sobre el matrimonio. Estos son solo tres de los títulos que encontré:

- *101 maneras de transformar su vida*
- *100 maneras de motivarse y cambiar su vida para siempre*
- *31 días para una autoestima más sana: cómo cambiar su vida para disfrutar de gozo, alegría y abundancia*

Supongo que entiendo por qué las personas desinformadas creen que pueden cambiarse a sí mismas. Sin embargo, lo que me preocupa es ver cómo personas que dicen creer en el poder del Dios Todopoderoso acuden a filosofías paganas e ignoran el ministerio transformador del Espíritu Santo, disponible para cada uno de nosotros que acude a Dios y pide con fe.

El problema más grande de fomentar la autoestima como el camino hacia el crecimiento personal y la plenitud es que no funciona. El otro día estaba viendo las noticias de Chicago TV y escuché un informe estadístico sobre cómo el movimiento a favor de la autoestima ha afectado a la enseñanza pública. El periodista anunciaba que, después de haber invertido millones de dólares y horas de trabajo en aumentar la autoestima de los niños en el colegio, "los niveles de autoestima jamás han estado tan altos, ni tan bajas las calificaciones escolares". O, dicho de otra manera: "Cuanto mejor me siento conmigo mismo, peor es mi desempeño". Los maestros locales de la escuela pública en el área de Chicago observaron que los alumnos que realmente se sienten bien consigo mismos ¡muestran poco o ningún interés en mejorar! La autoestima elevada me induce a cambiar menos, no más. C. S. Lewis escribió: "Búscate a ti mismo y, a la larga, solo encontrarás odio, soledad y desesperación".

Muchos no reconocen que el movimiento cristiano a favor de la autoestima es en el fondo blasfemo. El hecho de que Dios nos ama resulta muy consolador, pero no dice absolutamente nada sobre el "valor" que usted y yo tenemos. El hecho de que Dios nos ama y se haya comprometido tanto con nosotros no revela nada sobre nuestras personas; revela algo extraordinario sobre Dios. ¡Se llama gracia!

En mi oficina tengo un libro sobre la autoestima que escribió un consejero cristiano al que conozco. Cuando me lo regaló, escribió en la primera página: "James, espero que experimentes la maravillosa verdad de que eres un ser digno de amor, capaz, valioso y redimible". ¡Qué triste! Intentar trazar una línea y decir que "Como Dios me ama… como Cristo murió por mí… como soy un hijo eterno de Dios, por consiguiente soy…" supone tener un concepto desmedido de nuestra persona debido a la naturaleza de Dios. Esto es blasfemo, y una degradación absoluta de la gracia gloriosa de Dios.

En 2 Timoteo 3:1-2, Pablo describió las características de la apostasía en los últimos tiempos: "También debes saber esto: que en los postreros días vendrán tiempos peligrosos. Porque habrá hombres amadores de sí mismos... blasfemos". ¿Eso fue un cumplido? ¿Qué decía Pablo? "¡Cuánto deseo que lleguen los postreros días! ¡Por fin descubriremos lo importante que es amarnos a nosotros mismos!". ¡No! Lo incluyó en la lista como una característica de la impiedad extrema.

Una vez más, la psicología contiene un elemento de verdad. Cuando las personas se odian a sí mismas y se consideran basura, eso es un problema. *No soy capaz de nada. No puedo cambiar... No soy nada* son pensamientos destructivos. La psicología detecta un problema legítimo en la baja autoestima, pero los psicólogos actúan como payasos que corren en círculos, cuando recetan la alta autoestima como la única solución para la baja autoestima. La Biblia dice que pensamos demasiado bien de nosotros mismos (Ro. 12:3).

LA RESPUESTA A LA BAJA AUTOESTIMA NO ES UNA ALTA AUTOESTIMA.

Sí, lo ha leído bien. La respuesta a la baja autoestima no es la alta autoestima. Es la ausencia de autoestima. Supone no estimar el yo. Jesús dijo: "el que pierde su vida por causa de mí, la hallará" (Mt. 10:39).

La psicología humanista dice: "¡Encuéntrese a sí mismo! La respuesta está en su interior". Y Jesús dice: "Piérdase a sí mismo: ¡la respuesta está en *Mí*!". "Porque todo el que quiera salvar su vida, la perderá; y todo el que pierda su vida por causa de mí, la hallará" (Mt. 16:25).

Sea sincero: esos enfoques hacia el cambio no son dos matices de un mismo color. Son opuestos. Saquemos la basura y rechacemos el cambio por medio del autodescubrimiento, que es un método incorrecto.

Por supuesto, la psicología no es el único malo en la película de los métodos incorrectos para cambiar. Veamos ahora tres métodos erróneos que algunas personas han intentado defender con la Biblia en la mano. Potencialmente, son incluso más destructivos que los tres que ya he mencionado.

MÉTODO INCORRECTO #4: EL CAMBIO LEGALISTA

El cambio legalista es la idea del cambio mediante el poder de las normas. En el ejército esto funciona mediante unas órdenes que se tienen que obedecer. "Limpie sus botas. Haga su cama. Marche en formación. No sea impertinente. ¡Haga esto! ¡Guarde silencio! Póngase en línea. No se detenga. ¡Paso ligero!". ¿Esto produce cambios? Claro que sí: produce cambios *externos*, cambios en la superficie. "¡Oh, qué soldado tan estupendo! Sus botas están tan limpias que relucen, y bien colocadas bajo su catre. ¡Vaya! Usted no es como esos soldados malos; ¡sigue el programa a la perfección!".

Sin embargo, es posible que en su interior el soldado se siente irritado, haciendo lo que debe hacer, no lo que quiere. Las reglas pueden producir un cambio externo, pero escuche esto: ¡las reglas no cambian el corazón!

De hecho, las reglas por sí solas solamente consiguen que usted quiera pecar más. Esta es la verdad de Romanos 7:5: "Porque mientras estábamos en la carne, las pasiones pecaminosas que eran por la ley obraban en nuestros miembros llevando fruto para muerte". Un par de versículos después, Pablo pregunta: "¿La ley es pecado?" (v. 7). Lo que quiere decir es: "¿Son malas las leyes que estableció Dios?". ¿Y qué responde Pablo? "En ninguna manera. Pero yo no conocí el pecado sino por la ley; porque tampoco conociera la codicia, si la ley no dijera: No codiciarás". Pablo decía que, si lo único que hacemos es conocer las normas, esto solo conseguirá que queramos pecar más.

Recuerdo que cuando era niño, jugaba en el sótano después de clase. Mi madre metía la cabeza por la puerta y decía: "Tienes galletas en la mesa de la cocina. Son para el postre. ¡No las toques!". Yo estaba allá abajo, pasándolo de maravilla. Ni siquiera pensaba en galletas. Entonces, de repente, empezaba a pensar: ¡Mmm! ¡Galletas! *¿Eso era lo que estaba oliendo?* Sentía que mi cuerpo se veía impulsado escaleras arriba. ¡Galletas! *Necesito una galleta. ¡Tengo que comer una galleta!*

Recuerdo que pasaba lo mismo cuando mi madre decía: "Tu padre y yo vamos a la tienda; sigue jugando en el patio de atrás con tus amigos, como ahora. Quédate en el patio; ¡no te muevas de él! Volveremos en una hora". Yo estaba muy contento en el patio trasero hasta que escuché una norma que me decía que no podía irme. Veía a un amigo al otro lado de la valla, con una pelota, que me decía: "Ven aquí a jugar conmigo". La valla parecía medir treinta metros de altura, de lo encerrado que me sentía, y quería huir desesperadamente de un lugar en el que, solo unos instantes atrás, me sentía muy a gusto. ¿Por qué? Porque la norma incitó mi corazón pecaminoso, haciéndome desear lo prohibido. Pablo expresó el problema de esta manera: "Mas el pecado, tomando ocasión por el mandamiento, produjo en mí toda codicia; porque sin la ley el pecado está muerto" (Ro. 7:8). Las normas, por sí solas, solo amplifican nuestro deseo de pecar.

Quizás usted creciera en un entorno espiritual legalista, como me pasó a mí. Según el legalismo, el cristianismo consiste en adaptarse a un código de conducta que se ha añadido a los preceptos y principios de la Biblia, y luego juzgar a las personas en función de si se conforman o no a ese código extrabíblico. "Soy un buen cristiano porque no hago las 'cinco cosas aborrecibles' (o 'la docena espantosa')". Este tipo de pensamiento legalista produce una conformidad externa, como en el ejército, pero no el tipo de cambio de vida genuino que buscamos.

En realidad, creo que existe más desobediencia a Dios dentro del cristianismo legalista que en cualquier otro lugar, porque muy a menudo no se ha producido un verdadero cambio en el corazón. En lugar de eso, obligan a que los patrones pecaminosos que Dios quiere cambiar se oculten bajo la superficie; es una especie de conspiración de silencio. Los cristianos legalistas ocultan la auténtica verdad de quienes son ante los ojos de todos los que les rodean. ¿Y el resultado? La comunión bíblica queda obstaculizada, y el genuino cambio de vida se vuelve muy difícil. El legalismo es un entorno asfixiante, en el cual es imposible la introducción de un cambio permanente de corazón.

Durante las vacaciones de Navidad, mi familia y yo visitamos una iglesia atrapada en las redes del legalismo. Yo no quería ir, pero no tuve elección, de modo que les acompañé. El problema es que me olvidé del código de vestimenta. Me vestí un tanto "informal", si sabe a qué me refiero. Luego entramos en el edificio. ¡Ay! Todos los varones, desde los tres años hasta los 99, llevaban traje, y las corbatas estaban de lo más apretadas. Ahora bien, fueron muy amables, pero incluso el apretón de manos transmitía un compasivo "¡Oh, pobre hermano! Espero que dentro de poco te encuentres en el redil del evangelio". ¿Sabe? Era esa sensación que tenemos cuando alguien nos juzga porque no somos exactamente como él o ella.

De cualquier modo, doblé mi abrigo, hice entrar a mis hijos y nos sentamos. Como estoy familiarizado con ese enfoque, la cosa fue bien hasta que empezaron un culto de bautismos en el que el pastor se metió en la pila bautismal totalmente vestido: traje y demás. Me dieron ganas de ponerme en pie y gritar: "Pero, ¿en qué *piensan*? ¡No se trata de las reglas! Jesús murió para que pudiésemos disfrutar de una auténtica intimidad con Él, no solo parecerlo, o parecer lo que ustedes piensan que es. ¿Es que nunca aprenderán que las normas por sí solas no nos cambian? Solo hacen que nuestras naturalezas pecaminosas se oculten bajo la superficie, nos ayudan a escondernos tras las apariencias y fingir que estamos más cerca de Dios de lo que lo estamos en realidad".

Por supuesto, Dios no tiene nada a favor ni en contra de los trajes. Vestirse bien para ir a la iglesia cuando lo que nos motiva es la reverencia y no la religión puede ser bueno. De forma parecida, vestirse informal puede resultar irreverente cuando el motivo es equivocado. La clave siempre es recordar que "Jehová mira el corazón" (1 S. 16:7).

El legalismo es un enfoque incorrecto para el cambio que unas personas sinceras, que quieren tomarse muy en serio la Biblia, han recetado dentro de la Iglesia de Jesucristo. Los sistemas de conducta que intentan producir el cambio por medio de la conformidad externa pueden inducir cambios superficiales, pero en última instancia se vienen abajo, porque no cambian el corazón.

MÉTODO INCORRECTO #5: EL CAMBIO MONÁSTICO

El adjetivo "monástico" procede del término griego *monas*, que significa *solo*. El primer monje cristiano fue un hombre llamado san Antonio de Tebas; habitó en el desierto, en el año 271 d.C. El objetivo del monaquismo es alcanzar la verdadera santidad mediante la supresión absoluta de la voluntad. Fue muy popular durante la Edad Media, cuando miles de monasterios se repartieron por toda Europa y albergaban a hombres y a mujeres que aceptaban los tres votos: el de pobreza ("No poseeré nada"), el de castidad ("Me abstendré de toda sexualidad") y el de obediencia ("Me someteré por completo a toda autoridad").

Los monjes, hombres que practican el monaquismo, se entregaron a una vida muy difícil. Se dedicaban a tres actividades principales: el trabajo, la oración y la meditación en las Escrituras. Siempre he intentado imaginarme a un monje, durante una fría noche invernal en el monasterio, solo, hambriento, luchando contra la codicia o la lascivia, intentando suprimir la voluntad de pecar y negar sus deseos humanos. Entonces imagino a ese monje leyendo su Biblia y llegando a Romanos 7:15-18:

> Porque lo que hago, no lo entiendo; pues no hago lo que quiero, sino lo que aborrezco, eso hago. Y si lo que no quiero, esto hago, apruebo que la ley es buena. De manera que ya no soy yo quien hace aquello, sino el pecado que mora en mí. Y yo sé que en mí, esto es, en mi carne, no mora el bien; porque el querer el bien está en mí, pero no el hacerlo.

Imagino que sale corriendo de su pequeña celda, atraviesa el pasillo de piedra, rompe el voto de silencio (tampoco se les permitía hablar entre ellos), y dice a sus compañeros monjes: "¡Hermanos! ¿Han leído esto? No podemos hacer esto. ¡No funciona!". Imagine su frustración al darse cuenta de que habían intentado cambiar recurriendo a un método inadecuado.

Usted *no puede* desactivar su voluntad e inducir un cambio en su vida. Son incontables las resoluciones de Año Nuevo que demuestran que usted no puede cambiar solamente porque se haya propuesto hacerlo. De hecho, cuando decimos: "No volveré a hacer eso", no solo es probable que volvamos a hacerlo, sino que en realidad quizá queramos hacerlo más que antes. Cuando fracasamos, sentimos cómo nos golpean las olas del remordimiento, y nos prometemos: "Nunca volveré a hacerlo". Durante un tiempo intentamos de verdad ser diferentes, pero una vez más mordemos el polvo. Tras los fracasos reiterados, a menudo se produce un contragolpe, y regresamos a nuestro pecado con un vigor acentuado, pensando: "Bueno, si no puedo cambiar, dejaré de intentarlo".

Puede que piense: "No soy monje, y nunca he estado en un monasterio", pero, ¿cuántas veces intentamos vivir como monjes? Intentamos cambiar mediante la supresión de nuestra voluntad. Intentamos cambiar sin el poder de Dios, usando solo nuestras fuerzas humanas. Experimentamos la frustración de las palabras de Pablo en Romanos 7:18: "porque el querer el bien está en mí, pero no el hacerlo".

Posiblemente usted está leyendo este libro justo al final de otra semana de derrota, preguntándose: "¿Trataré alguna vez a mis hijos como quiero hacerlo?", "¿Acabaré alguna vez con este hábito terrible?", "¿Conseguiré superar una semana sin caer en ese pecado secreto?", "¿Lograré caminar con Dios del modo en que quiero hacerlo?". Puede que se encuentre entre la mayoría de los oyentes que cada semana se sientan en la iglesia y dicen: "Estoy de acuerdo con el pastor; quiero ser ese tipo de persona"; y se van animadas, solo para entrar en la siguiente semana y volver a fracasar. No es de extrañar que tantas personas hayan renunciado a cambiar; resulta mucho menos doloroso que intentarlo y no conseguirlo.

El cambio monástico debe desaparecer. Llévelo a la basura; basta ya de intentar cambiar mediante su propia fuerza de voluntad. Nunca saldrá bien. Como dijo Jesús: "el espíritu a la verdad está dispuesto, pero la carne es débil" (Mt. 26:41).

MÉTODO INCORRECTO #6: EL CAMBIO INTELECTUAL

En la obra clásica de Robert Louis Stevenson, *El extraño caso del doctor Jekyll y Mr. Hyde*, un médico apacible bebía una poción y se transformaba de una persona dulce e inocente a un monstruo espantoso. Cuando la poción perdía sus efectos, el Dr. Jekyll se sentía muy avergonzado. Decía: "No puedo creer lo que llevo dentro. No puedo creer que pudiera vivir así y hacer esas cosas". A pesar de su vergüenza y de admitir que su conducta estaba mal, se sentía extrañamente atraído a beber la poción otra vez. Sentía esa atracción intermitente, y sus pensamientos le decían: "Quiero hacer el bien, pero no lo quiero hacer".

Muchas veces nos sentimos como el Dr. Jekyll, sumidos en la lucha por intentar cambiar. Nos decimos a nosotros mismos: "¿Por qué hice eso? ¿Por qué dije eso? ¿Por qué soy así?". Luego añadimos:

"Ya sé que no debo hacer eso". En nuestra mente, estamos de acuerdo en que nuestros actos están mal. Sin embargo, en algún punto entre saber y hacer, encontramos un obstáculo. Comenzamos a descubrir que existe un gran vacío entre saber qué hay que cambiar e introducir un genuino cambio en el corazón.

Hace falta más que saber lo que Dios quiere. Necesitamos algo más que saber cómo debemos vivir. La mayoría estaríamos de acuerdo en que existe un gran abismo entre lo que sabemos y lo que hacemos. Pablo lo expresó de esta manera en Romanos 7:22-23: "Porque según el hombre interior, me deleito en la ley de Dios; pero veo otra ley en mis miembros, que se rebela contra la ley de mi mente [contra aquello que he aprendido], y que me lleva cautivo a la ley del pecado que está en mis miembros". Más adelante añadió: "Así que, yo mismo con la mente sirvo a la ley de Dios, mas con la carne a la ley del pecado" (v. 25). En otras palabras, Pablo escribió: "He llegado lo bastante lejos como para saber lo que Dios quiere que haga. Por lo que respecta a mi mente, soy fenomenal. Mentalmente, soy un genio. Pero cuando uno observa mi trayectoria, ve que en mi vida hay numerosos fracasos. Existe una gran diferencia entre lo que sé que debería hacer y lo que hago en realidad".

El cambio no puede empezar hasta que sepamos que saber no es suficiente. ¿Es usted un empleado tan bueno como puede ser? ¿Tiene unos pensamientos tan puros como sabe que puede tener? ¿Es tan veraz y cariñoso como sabe que puede ser? Usted dice "Pues no". Es cierto, y yo tampoco. Ninguno de nosotros lo será si seguimos engañándonos pensando que, si sabemos qué cambiar, el cambio se producirá. No será así. Las iglesias, los pastores, las escuelas y los libros que promueven el cambio por medio de la información, solo fomentan la frustración, y es triste, porque existe una vía mejor.

EMPIECE A CAMBIAR AQUÍ.

Es hora de admitir que no podemos hacerlo solos, y que ninguno de estos seis métodos es la respuesta. Por tanto, ¿cómo cambiar? ¿Dónde empezamos?

La respuesta es sencilla, y tiene dos partes: admitir y volver.

DÓNDE EMPEZAR

1. ADMÍTALO: EL PROBLEMA SOY YO.

Primero, admita que "El problema soy yo". Aceptemos, de una vez por todas, que nuestros problemas no se deben a otras personas, a nuestros padres o a nuestro pasado. Asumamos la responsabilidad de aquello en lo que nos convertiremos, y llevemos nuestros deseos ante Dios. Cuando lo hagamos, habremos dado el primer paso en el cambio. Asumir la responsabilidad plena es admitir, como hizo Pablo en Romanos 7:24: "¡miserable de mí!". ¿Está dispuesto a decir esto?

La palabra "miserable" significa *angustiado o entristecido debido al agotamiento producido por un trabajo duro.* Creo que esas palabras salieron de labios de Pablo porque estaba agotado de intentar cambiarse. Llegó a un punto de desespero en que dijo: "Señor, quiero ser una persona diferente. Ya no voy a protegerme más de la oscuridad que hay dentro de mi corazón. Quiero ser de verdad la persona que Tú quieres que sea. Quiero ser recto, santo y fiel. Por tanto, voy a aceptar quién soy realmente".

"¡Oh, miserable!"; admitamos que el cambio parte de una admisión genuina, humilde y contrita. "Soy yo; el problema soy yo."

2. VUÉLVASE: SOLO DIOS PUEDE CAMBIAR EL CORAZÓN.

En segundo lugar, vuélvase a Dios. Recuerde que solo Él puede cambiar su corazón. Fíjese en las palabras de Romanos 7:25: "Gracias doy a Dios, por Jesucristo Señor nuestro". Los estudiosos de las Escrituras se frustran mucho al leer esto, porque quisieran que Pablo dijera mucho más: "¿No podrías explicarlo un poco, Pablo? ¿Añadir algo más? Estoy desesperado, y *necesito* la respuesta, y lo único que me dices es 'Gracias doy a Dios, por Jesucristo Señor nuestro'. Pablo, ¿es que no hay nada más?".

Es tan sencillo que a veces ni lo vemos. La respuesta es Jesucristo. Quiere obrar una transformación en nuestros corazones. Necesitamos acudir desesperadamente ante su presencia y pedirle que haga lo que solo Él puede hacer por nosotros. Usted pregunta: "¿Dios todavía cambia a las personas?". ¡Sí, lo hace! Dios cambia a las personas, y quiere cambiarle a usted.

Usted dice: "Quiero ser transformado". ¡Bien! De eso trata este libro, del cambio. Una estrategia clave en este cambio radica en completar las actividades que concluyen cada capítulo. Haga estas tres cosas: (1) Responda a las preguntas; (2) haga el trabajo, y (3) repita la oración. Empiece ahora, y luego seguiremos con el capítulo 2.

PREGUNTAS DEL MAESTRO

1. ¿Por qué es esencial que usted erradique los métodos de cambio incorrectos?
2. ¿Cuáles de los métodos incorrectos ha probado? ¿Qué beneficios le han proporcionado, si alguno?

PREGUNTAS DEL PROFETA

1. ¿Qué excusas ha usado para no cambiar?
2. ¿Qué le hace pensar que esta vez las cosas serán diferentes?

PREGUNTAS DEL PASTOR

1. ¿Qué revela su disposición a leer este libro sobre la sinceridad de su deseo de cambiar?
2. ¿De qué maneras empieza a percibir que Dios quiere ayudarle a cambiar?

MANOS A LA OBRA

No será fácil leer este libro rápidamente. Necesitará más o menos una hora para terminar cada capítulo, lo cual incluye responder las preguntas del maestro, del profeta y del pastor, y hacer el ejercicio "Manos a la obra". Ahora dedique unos instantes y establezca un programa para completar los diez capítulos. Anote sus fechas junto a las casillas inferiores. Elija un momento y un lugar concretos para leer cada capítulo durante los próximos días y semanas. Luego llame a un amigo y dígale que está leyendo un libro sobre el cambio, pidiendo que ore por usted durante este tiempo tan importante de su vida.

❏ Capítulo 1 Fecha:_____   ❏ Capítulo 6 Fecha:_____

❏ Capítulo 2 Fecha:_____   ❏ Capítulo 7 Fecha:_____

❏ Capítulo 3 Fecha:_____   ❏ Capítulo 8 Fecha:_____

❏ Capítulo 4 Fecha:_____   ❏ Capítulo 9 Fecha:_____

❏ Capítulo 5 Fecha:_____   ❏ Capítulo 10 Fecha:_____

¡ALCE LA VISTA!

Antes de empezar el capítulo 2, pase un tiempo a solas con el Señor. Arrodíllese y ore siguiendo esta línea:

Señor, lo admito. No me parezco lo suficiente a Jesucristo, ni mucho menos. Lo sé, y el problema soy yo. Ya no pienso en las debilidades de los demás; te pido que me cambies. Señor, Tú puedes hacer muchas más cosas en mi vida.

Señor, cámbiame. Sé que quieres hacerlo, y sé que yo lo necesito. No puedo hacerlo solo. Te ruego que me perdones por culpar a otros. Señor, perdóname por intentar cambiar basándome en mis propias fuerzas y alejado de ti. Admito que el problema soy yo, y sé que necesito tu ayuda desesperadamente. Creo esto, de modo que ayúdame, Señor. Te ruego que me ayudes, Dios.

Cámbiame. Te lo pido en el nombre de Jesús. Amén.

2 APÚNTEME

CONCEPTO CLAVE:
Para que se produzca el cambio en nuestra
vida, debemos cooperar plenamente con el
deseo de Dios de transformarnos.

Un domingo, no hace mucho tiempo, prediqué un mensaje en mi iglesia sobre la sabiduría de la abstinencia total del consumo de alcohol. No enseñé que la Biblia exige la abstinencia, solo que defender esta postura es de sabios. Muchas personas de mi iglesia se fueron ese día a sus casas convencidas de que Dios les había hablado. Sin embargo, la clave no estaba en asentir mentalmente, sino en actuar basándose en lo que entendían.

Un hombre, al que llamaré Jasón, lo hizo. Me escribió una carta, de la que ofrezco un extracto:

Querido pastor James:

...después de escuchar su mensaje, le pedí al Señor que me ayudara con mi hábito de beber. No he tomado una sola copa desde... Antes, cuando volvía cada día del trabajo, me tomaba un par de Martinis durante la cena, y un par de cervezas al anochecer. Normalmente eran cuatro copas, pero otras veces eran más. Tengo 42 años y he tenido esta costumbre durante mucho tiempo. Sin embargo, últimamente me había dado cuenta de que estaba esperando con ansia esa primera copa del día.

Hace muchos años que soy cristiano, y sentía que ese hábito no honraba precisamente a Dios. Pero como soy pecador, seguí haciéndolo hasta el domingo por la mañana de su predicación. Después de escucharle, le pedí al Señor que me ayudara con el poder del Espíritu Santo. Junto a esta carta encontrará un objeto un poco inusual. Es la última página de mi agenda del año pasado. Marco con una X los días en que no he tomado alcohol.

Cada día de diciembre Jasón había marcado una gran X junto a las letras CPES, que según me explicaba en su carta significa "con el poder del Espíritu Santo". Hasta el día de hoy ha permanecido transformado totalmente por Cristo, porque optó por cooperar plenamente con Dios.

Jasón no intentó cambiar por su cuenta; recurrió a Dios en busca de ayuda. ¿Y usted? ¡Este capítulo habla de tomar esa decisión!

LA TRAYECTORIA DE DIOS

En este capítulo intentaré convencerle de que se apunte cien por cien al deseo de Dios de cambiarle, de manera que empezaremos echando un vistazo rápido a su impresionante trayectoria. Créame: nuestro Dios increíble puede hacer este trabajo.

Imagine por un momento un libro lleno de las historias de los millones de vidas que Dios ha transformado. ¡Menudo libro sería ése! Incontables páginas que relatarían las historias de todo tipo concebible de persona, de toda forma de vida imaginable y en todas las áreas de necesidad. Todas transformadas por el poder de Dios. Chuck Colson figuraría en ese libro, como también mi amigo Jasón.

¡Vaya! ¡Menudo éxito de ventas! Si pudiera hacer un resumen de ese libro, un libro sobre vidas transformadas, usted no volvería a dudar de si debería concederle permiso a Dios para cambiarle. Él lleva en el negocio desde el principio de los tiempos, y ha satisfecho a millones de clientes. Conoce el producto a la perfección, y la rentabilidad de la inversión es espectacular.

¿Está dispuesto a apuntarse? Quizá le gustaría ver una muestra de vidas cambiadas antes de entregar a Dios el control absoluto de su vida. Empezaremos muy atrás, cerca del principio de los tiempos, y acabaremos ahora, al principio del tercer milenio transcurrido desde que Jesús caminó por este mundo.

VIDA CAMBIADA #1: MOISÉS

Pensemos en la vida de Moisés, en torno al año 1400 a.C. Este relato lo encontramos en el libro de Éxodo, y lo popularizó recientemente la película *El príncipe de Egipto*. Tuve el privilegio de ser uno de los pastores que volaron a DreamWorks, en California, un par de veces, y pude ver la película para analizarla. La vi cuando los dibujos no eran más que bocetos. Transformados ya en película de animación, contienen una historia poderosa, en parte gracias al sorprendente trabajo de transformación que Dios hizo en la vida de Moisés.

Criado por la hija de Faraón, Moisés era un niño mimado, un tanto arrogante y seguro de sí. Vio a un egipcio que golpeaba a un esclavo hebreo, de modo que, después de mirar a ambos lados, se acercó y mató al egipcio, enterrándole en la arena (Éx. 2:12). Cuando otros descubrieron el asesinato, Dios tuvo que enviar a Moisés al desierto durante cuarenta años.

Por fin, a la edad de ochenta años, Moisés vio una zarza ardiente que no se consumía: Dios se acercaba a él. En ese momento podríamos pensar que Moisés lo habría entendido un poco mejor, pero en lugar de eso pasó de ser engreído y confiado en sí mismo a ser una persona indecisa y carente de confianza en sí misma.

Dios dijo: "Quiero usarte para guiar a mi pueblo". Y Moisés dijo: "Es que... es que... yo... no sé hablar muy bien".

"Yo seré tu boca", contestó Dios.

"No puedo", dijo Moisés. "Búscate a otro".

Pero Dios insistió (ver Éx. 3:1—4:17), como siempre lo hace, y utilizó a Moisés como uno de los mayores líderes que haya conocido este mundo. Condujo a dos millones de personas desde Egipto hasta la Tierra Prometida.

¿Cómo puede ser? Se lo explicaré: Dios tuvo que cambiar a aquel hombre. La vida de Moisés clama: "¡Sin importar tu edad, siempre hay tiempo de cambiar! ¡Nunca es demasiado tarde! Deje que Dios le cambie, y le usará de maneras extraordinarias".

VIDA CAMBIADA #2: LA MUJER JUNTO AL POZO

Adelantemos el calendario de la historia humana hasta el año 30 d.C., y ahí tenemos de nuevo a Dios, cambiando a las personas. Esta vez se trata de la samaritana junto al pozo (Jn. 4:7-26), una versión antigua de lo que llamaríamos "la mujer del bar". Era una persona muy inmoral: había tenido cinco maridos y ahora vivía con uno que no lo era. No podemos imaginar cuántos amantes había tenido entre uno y otro marido. Sin duda podríamos aplicarle palabras como *libertina*, *fácil*, *indecente*, pero en la interacción de Jesús con ella no detectamos ni una sombra de desprecio.

Jesús, el Hijo de Dios, era cariñoso y lleno de gracia, perdonador. El cambio en la mujer fue tan intenso que muchos que fueron testigos de ello optaron por creer también en Cristo (ver Jn. 4:39).

No sabemos exactamente hacia dónde se encauzó su vida, pero sabemos que aquella samaritana fue transformada dramáticamente porque confió en que Cristo podía hacerlo.

¿Sabe lo que nos dice la vida de esta mujer? Nos enseña que, por muy trágico o lleno de fracasos que esté nuestro pasado, Dios puede alcanzarnos y transformarnos por entero.

Por favor, ¡no lo dude! Si tiene este libro entre las manos y piensa "La gracia de Dios no me puede alcanzar", déjeme que le diga algo: ¡Se equivoca! No hay una sola persona que lea este libro que pueda decir: "Mi pecado es demasiado grande" o "Estoy lejos de cualquier ayuda". Dios ha transformado a personas mucho peores que cualquiera de nosotros, ¡y quiere que *usted* sea también un trofeo de su gracia!

¿Le permitirá usted que llegue a su corazón y haga esa obra? ¡Dios es realmente eficaz para transformar a las personas!

VIDA CAMBIADA #3: SAULO/PABLO

El apóstol Pablo empezó su vida llamándose Saulo. (A Dios le gusta cambiar los nombres de las personas a las que transforma. Les ayuda a recordar: "Ya no soy la persona que solía ser"). Saulo era un zelote religioso, muy instruido, muy poderoso y muy implacable. Al principio rechazó a Cristo. En realidad, en Hechos 7 se nos dice que cuando los religiosos echaron mano de Esteban (uno de los predicadores más fenomenales de la iglesia primitiva) y le apedrearon hasta matarlo, Saulo estaba allí, sosteniendo las capas de los asesinos (v. 58). ¡Eso sí que es sangre fría! ¿Cree que Saulo sonreiría? Aparentemente, aquel episodio activó las reservas de odio frenético de Saulo, porque empezó a perseguir a todos los cristianos a los que podía echarles mano. Les golpeaba, les metía en la cárcel y, de hecho, mató a algunos de ellos.

Si no conociera el resultado, seguramente usted pensaría: "Este tipo ha ido demasiado lejos. No hay manera de que el Señor pueda llegar a un asesino múltiple con su poder de transformación". ¡Error! Un día, mientras Saulo iba de camino a Damasco, tuvo una experiencia poderosa y transformadora con Jesucristo. Su conversión fue tan dramática que pasó de ser un asesino implacable de cristianos al máximo predicador del evangelio que haya conocido la Iglesia. Se convirtió en el gran apóstol Pablo. ¿Cómo sucedió eso? ¿Cómo es posible que una persona pase de aborrecer tanto a Jesucristo a amarle con tanta pasión? Dios lo hizo; ahí tenemos la explicación. Dios sabe cómo cambiar a las personas.

LA MAYOR PASIÓN DE DIOS ES LA TRANSFORMACIÓN COMPLETA DE LAS PERSONAS.

Dios no ha cambiado desde los tiempos de Saulo. Quiere hacer lo mismo para usted. Una transformación completa, un cambio total.

VIDA CAMBIADA #4: AMY CARMICHAEL

Pasemos a una historia más reciente, de hace menos de dos siglos, para visitar otra vida transformada por el Dios Todopoderoso. Amy Carmichael era una dama muy elegante que vivió de 1867 a 1951. Su vida sigue siendo un testimonio de aquellos que sienten la tentación de pensar que el cambio es solo para las personas que tienen pasados realmente tenebrosos. Quizá usted diga: "Siempre he sido una buena persona. Es cierto que tengo algunos errores en mis exámenes de ortografía y demás, pero no he cometido los pecados realmente terribles que han cometido otras personas". Si es así como se siente, la historia de Amy Carmichael es importante para usted. A ella la criaron en un hogar espiritual; era obediente a sus padres, no transgredió ninguna ley. Pero Amy llegó a comprender que nunca había confiado de verdad en Jesucristo. De hecho, fue mientras cantaba la canción *Jesús me ama,* que se dio cuenta de que en realidad nunca había abierto su corazón para devolverle al Señor el amor que Él le daba. Confió en Jesucristo como su Salvador.

Amy pasó por algunas pruebas importantes en su vida. Mientras era aún adolescente, su familia pasó apuros económicos y poco después su amado padre murió, dejando a su madre con siete hijos que mantener y pocos ingresos. Cuando tenía veintitantos años, Amy se trasladó con su familia a los suburbios de Manchester, Inglaterra, donde su madre había conseguido empleo como superintendente de un centro de recogida para mujeres. Al final Amy se fue de misionera a Japón y luego a India. Vivió hasta los 84 años, y escribió más de quince libros, exhortando a otros a vivir una vida santa en Cristo.

¿Pensaba usted equivocadamente que la mayoría de los cambios que Dios quiere introducir en su vida era a.C., es decir, antes de Cristo? Eso no es cierto. La salvación no es más que el principio. La vida de Amy también constituye un testimonio del poder transformador de Dios, porque Dios quiere hacer mucho más que simplemente perdonarle; quiere transformarle en un testigo que refleje la gloria de Aquel a todas las personas con las que usted se relacione. ¡Lo hizo con Amy y puede hacerlo con usted!

VIDA CAMBIADA #5: DEION SANDERS

Usted dice: "Muy bien, todo esto es estupendo… todas esas personas del pasado… ¿Pero sigue Dios cambiando las vidas de las personas hoy día?". He pensado en ofrecerle un ejemplo más. Es una historia de mediados de los años 90, sobre un atleta talentoso llamado Deion Sanders. Es el único atleta profesional de la historia que ha participado tanto en la Serie Mundial de Béisbol como en el Super Bowl (partido de campeonato del fútbol americano). En su biografía, titulada *How Success Almost Ruined My Life* [Cómo el éxito casi me arruinó la vida], Deion escribió que toda su vida se centraba en el poder, el dinero y las mujeres. Las personas solían llamarle Neon Deion, porque era tan llamativo.

Por fuera parecía que lo tenía todo controlado, pero hacía un par de años que su vida interior se estaba desmoronando. Su esposa le había conmocionado al pedirle el divorcio, quedándose ella con la custodia de sus dos hijos. Como muchas personas de nuestro mundo, se sintió hundido, desesperado y solo. Dos veces, en una sola noche, sacó su vehículo de la carretera junto al mismo acantilado, pensando en su pasado y en su futuro... y en el suicidio. En dos ocasiones, un policía que sospechaba algo le hizo bajar la ventanilla para preguntarle si se encontraba bien. "Sí, muy bien. Todo bien", contestó Deion, y cada una de esas veces un agente distinto se fue llevándose un autógrafo de Deion.

Un día se sentó en la playa y se vació en la boca un frasco entero de un fuerte analgésico, justo delante de sus compañeros de equipo, quienes actuaron como si no hubieran visto nada. Al final, una noche se puso como loco cuando su esposa no le llevó a sus hijos para que los viera, después de haberle prometido que lo haría. Deion se subió de un salto a su auto, circuló a 120 km/h por la autopista, se detuvo en un arcén con grava, pisó a fondo el acelerador y salió volando por el borde de un barranco: fue su intento definitivo para acabar con todo.

Milagrosamente, por la gracia de Dios, Deion no murió esa noche, pero estaba tan desesperado que, en otra ocasión, tumbado por la noche en su cama, tomó una decisión radical: acudió a Dios. Deion contó que sintió como si un avión 747 aterrizase junto a su lecho. Y dijo: "Dios, si eres Tú, quiero que me lleves contigo". Un amigo había dado testimonio a Deion, y le había regalado una Biblia. Deion salió de la cama y la abrió en Romanos 10:9, que dice: "si confiesas con tu boca que Jesús es el Señor, y crees en tu corazón que Dios lo levantó de entre los muertos, serás salvo" (NVI). Esa noche, Deion Sanders se convirtió gloriosamente por el poder del evangelio de Jesucristo.

Puede que usted se sienta tentado a decir: "¡Ah, Deion Sanders! Seguro que pasa por una fase religiosa; ya lo hemos visto antes. Son personas famosas que durante unas semanas o unos meses hablan de Jesús, y luego vuelven a desconectar de Él". Sin embargo, Deion ha seguido creciendo espiritualmente; quienes le conocen dicen que ha cambiado de verdad. Durante más de tres años, cuando llega la temporada de descanso, este atleta viaja por todo el país, hablando a otros de Jesucristo y contando, sin vergüenza alguna, la historia de su transformación. Que Dios ayude a Deion a seguir siendo fiel.

Puede que usted se pregunte si Dios solo transforma a las personas famosas. Por supuesto que no; a Dios le da igual quién salga en las noticias. No cambia a Deion Sanders porque sea famoso, ¡sino porque ama a Deion! ¿Y sabe una cosa? Dios le ama a usted igual. ¡También quiere cambiarle!

Le he contado estos cinco relatos porque quiero que sepa que puede confiar en Dios. Tiene una trayectoria magnífica cambiando a las personas. Por supuesto, podría llenar un millón de páginas con historias de personas a las que Dios ha cambiado, pero la idea es la misma: Dios quiere añadir a su historial las áreas más importantes en que usted experimenta derrota y frustración. Veamos cómo. Esto conlleva una crisis y un proceso.

EL PLAN DE DIOS PARA EL CAMBIO EMPIEZA CON UNA CRISIS.

En Mateo 18:3, Jesús dijo: "Les aseguro que a menos que ustedes cambien y se vuelvan como niños..." (NVI). Los niños pequeños son muy confiados, y Jesús enseñaba que también nosotros debemos aprender a confiar en Dios para nuestra salvación, dejando de intentar alcanzarla mediante nuestros propios esfuerzos.

"A menos que ustedes cambien... no entrarán en el reino de los cielos". ¡A menos que cambien! Ahora bien, la Biblia usa muchos términos para describir esta conversión. Una frase clave es "nacer de nuevo". Todos nacemos una vez físicamente; hemos de nacer una segunda vez, espiritualmente.

"El que no naciere de nuevo, no puede ver el reino de Dios" (Jn. 3:3). ¡Eso es una conversión! Veamos otras palabras bíblicas: *salvado*, como alguien que se ahoga; *justificado*, como alguien que estaba condenado y ha sido puesto en libertad; *redimido*, como una deuda que se ha cancelado; y *convertido*, como un ciego que ya puede ver.

EL PLAN DE DIOS PARA EL CAMBIO

1. UNA CRISIS LLAMADA CONVERSIÓN

La Biblia llama a todas las personas, en cualquier lugar, a pasar por una crisis de conversión. Las palabras son importantes (*salvado*, *justificado*, *redimido* y *convertido*), pero aún lo es más el acto en sí, una conversión real. Esta crisis de conversión significa un cambio de dirección absoluto, lo que Jesús definió como "salir del camino espacioso que lleva a la perdición y entrar por la puerta estrecha" (Mt. 7:13). Es como decir: "En un momento de mi vida, iba en esa dirección y pensé 'No hay Dios', 'Todo el mundo irá al cielo' o 'Al cielo se llega siendo una buena persona'. Pero, un día, empecé a oír la verdad, y me convertí. Cambié mi forma de pensar, y cambié la dirección en la que avanzaba. Ahora creo que la única manera de ir al cielo es confesando a Jesucristo como mi Salvador personal. Creo que Jesucristo vino al mundo; que murió en la cruz para pagar el castigo por mis pecados; y he puesto mi fe y mi confianza en Él como mi única esperanza para el perdón y la vida eterna de Dios".

Quienes experimentan una crisis de conversión a menudo recuerdan su pasado y se dan cuenta de que se ha producido un cambio: "Hubo un tiempo", dicen, "en que si alguien me hubiera preguntado 'Eh, ¿cómo se puede ir al cielo?' o '¿Vas a ir al cielo?', hubiera dicho 'Pues no lo sé' o 'Supongo', o 'Iré al cielo porque soy una buena persona'. Hubo un tiempo en que pensaba eso. *Pero entonces me convertí; cambié de dirección*".

¿Se ha convertido usted? Este es el primer paso en el cambio. Sin una conversión espiritual, nunca experimentará el proceso de transformación del que habla este libro. "¿Cómo se convierte uno exactamente?". Consiste en solo dos cosas: arrepentimiento y fe. El arrepentimiento consiste en dejar de pensar igual sobre su vida. "Antes pensaba que era una buena persona, pero luego descubrí que era pecador. Me di cuenta de que la norma de Dios es la perfección, y que no podría alcanzarla por mi cuenta. Me arrepentí de mis pecados. Le dije a Dios lo mucho que sentía no estar a la altura de sus exigencias. Luego puse mi fe en Cristo para obtener el perdón; elegí creer (esta es la parte de la fe semejante a la de un niño) que Jesús pagó por mis pecados, y que ese era el único fundamento sobre el que Dios podría perdonarme".

Por favor, escúcheme, querido lector: no puede seguir adelante con este libro sobre el cambio a menos que esté seguro de haber pasado por esta crisis. ¿Ha experimentado esta crisis, un momento crucial en el que se convirtió, volviéndose de usted mismo a Dios solo?

¿Puede determinar un momento de su vida en que cambió el camino por el que transitaba?

Le ruego que entienda que aquí no se llega por accidente. No le estoy presionando para que me dé la fecha exacta, pero si no está absolutamente convencido de que se ha convertido y de que ahora es seguidor de Jesucristo, es que no lo ha hecho. No puede limitarse a decir: "Creo que en algún momento, en algún lugar debió de sucederme eso". Si no tiene una historia de la conversión, seguramente no ha pasado por una conversión. Permita que hoy sea su historia. Durante los ocho capítulos siguientes leerá cuál es el proceso de cambio, pero no podrá acceder a ese proceso a menos que primero haya pasado por la crisis.

¿Le parece que tiene sentido? Si no está seguro al cien por cien, ¿por qué no elige ahora mismo? Su historia podría ser: "Estaba leyendo este libro sobre el cambio y descubrí que, en realidad, nunca me había convertido. Sabía algunas cosas sobre Jesús, pero no le conocía personalmente, de modo que me arrepentí de mis pecados. Le dije a Dios lo mucho que lo sentía, y le di las gracias por enviar a Jesús para pagar por mis pecados. Invité a Cristo a entrar en mi vida, a perdonarme, y a empezar una nueva obra de transformación en ella". Si se detiene ahora y hace esto de corazón, puede convertirse. Esa es la crisis, ese es el comienzo. Ahí es donde comienza siempre la vida auténtica.

¡Deténgase! El resto del libro sólo tendrá sentido para los seguidores de Jesucristo. Si aún no ha tomado esa decisión, por favor, repase la parte anterior de este capítulo y lea la primera oración en la sección "¡Alce la vista!" al final de este capítulo. Si ha tomado esa decisión, tiene muchas expectativas nuevas, de modo que ¡siga leyendo!

2. UN PROCESO LLAMADO SANTIFICACIÓN

La conversión no es el final de algo, sino solo el principio. Cuando Dios le perdona y borra las cuentas pendientes de su vida, durante la conversión, empieza un proceso llamado *santificación*. Esta es la verdadera obra que Dios quiere hacer en usted y empieza en la conversión. Por eso nos perdonó. El plan de cambio de Dios continúa pasando por un proceso llamado santificación.

El apóstol Pablo describió el principio de ese proceso en 2 Corintios 5:17: "De modo que si alguno está en Cristo, nueva criatura es; las cosas viejas pasaron; he aquí todas son hechas nuevas". Pablo se refirió al proceso en 1 Tesalonicenses 4:1: "Por lo demás, hermanos, les pedimos encarecidamente en el nombre del Señor Jesús que sigan progresando en el modo de vivir que agrada a Dios" (NVI). ¿Lo ve en este versículo? Cada vez crezco y sigo progresando en Él. Dios me va transformado más y más.

Este tipo de cambio constante se supone que tiene lugar durante el resto de nuestras vidas, cada vez más.

Cuando usted es un cristiano nuevo, empieza con gran incertidumbre. Tropieza constantemente, y luego tiene que limpiar el estropicio. Pero al final aprende, como seguidor de Jesucristo, cómo caminar, y ya no tropieza tanto, y la vida es mucho mejor. Este es el proceso de la santificación. Como explicó Pablo: "sigan progresando en el modo de vivir que agrada a Dios... Ustedes saben cuáles son las instrucciones que les dimos de parte del Señor Jesús. La voluntad de Dios es que sean santificados" (1 Ts. 4:1-3, NVI).

¿DE VERDAD ES LA VOLUNTAD DE DIOS TRANSFORMARME?

Como pastor, a menudo escucho preguntas sobre la voluntad de Dios. "¿Qué quiere Dios que yo haga?" es la más frecuente, pero hay otras: "¿Dónde quiere Dios que viva?", "¿A qué trabajo quiere Dios que me dedique?". La Biblia no habla de estas cosas. El objetivo de Dios es cambiar su yo interior. Dice: "Si te convierto en la persona que quiero que seas, *sabrás dónde* se supone que debes ir, y *sabrás* con quién debes casarte, y *sabrás* dónde conviene que trabajes". La voluntad de Dios se centra en un 98% en *quién* es usted... no en dónde está ni con quién. La Biblia enseña que la voluntad de Dios es su santificación.

La palabra *santificación* procede de una raíz que significa *santificar*. Concretamente, el término *santificar* significa *hacer santo*. Por tanto, la santificación es el proceso mediante el cual Dios toma a personas pecadoras y las vuelve santas. En realidad no es tan religioso como parece. *Santo* es un adjetivo poderoso; significa *apartado* o *distinto*. Significa *diferente del mundo de pecado que nos rodea*. ¡Significa ser como Dios!

"La voluntad de Dios es que sean santificados". Esto es lo que hace Dios: intenta santificarle o cambiarle.

Decida creer la verdad de que Dios le está transformando, y disipará mucha confusión. La próxima vez que dude sobre lo que ve o experimenta, y lucha por saber qué estará haciendo Dios, limítese a decirse "Me está transformando", y tendrá razón. La próxima vez que lleguen las decepciones o la angustia de corazón (quizá esté pasando por esta situación justo ahora), puede que se pregunte: "Dios, ¿qué estás haciendo?". La próxima vez intente reconocer que el propio Dios es quien sostiene el martillo y el cincel.

Intente no preguntar tontamente: "Señor, ¿qué haces?", porque la respuesta es siempre la misma: "¡Te estoy transformando!". No pregunte: "¿Por qué haces eso? ¡Se supone que debes hacerme feliz!", porque Él le responderá: "¿Y quién te ha dicho eso? No es eso lo que pretendo hacer. No intento hacerte feliz, ¡intento hacerte santo!".

En ocasiones reaccionamos sinceramente (pero de forma incorrecta) diciendo: "¡Basta! Me duele". Y la respuesta de Dios sería: "¿No has leído Hebreos 12:6, donde dice que 'el Señor al que ama, disciplina, y azota a todo el que recibe por hijo'?". ¿Lo ve? ¡Todo tiene que ver con la transformación!

Vamos a analizar a fondo algunas ideas falsas sobre lo que hace Dios en este mundo:

1. *Dios simplemente ama a todo el mundo.* Muchas personas creen que este mundo es una gran fiesta de amor. El mundo es una especie de Festival de Woodstock sobrenatural, orientado a Jesús. "Estamos aquí todos juntos, y Dios nos ama. ¿No es maravilloso?". ¡No! Dios sin duda nos ama, pero no nos manifiesta un amor consentido, sino un amor que perfecciona. Es un amor que desea nuestra máxima y elevada utilidad para sus propósitos. Y debido a esto, en ocasiones Dios tendrá que disciplinarnos y corregirnos.

2. *Dios quiere que tengamos salud, riquezas y felicidad.* Este tipo de enseñanza solo puede provenir de los predicadores norteamericanos y de la televisión. Si intentase predicar esto en el Tercer Mundo, los cristianos de aquella zona le harían abandonar el púlpito riéndose de sus palabras. El hecho trágico es que muchos

cristianos occidentales se han rodeado de maestros que les dicen las cosas que quieren escuchar. Incluso un estudio somero de la vida de Jesús demuestra que esta enseñanza es absurda. La Biblia no se acerca ni siquiera remotamente a enseñar nada así.

3. *Dios intenta que el evangelio llegue a todo el mundo.* ¿Es esto lo que hace Dios? ¿Es ésta la diana del corazón de Dios, la evangelización? La Biblia dice que "el Señor no quiere que ninguno perezca, sino que todos procedan al arrepentimiento" (2 P. 3:9). Sí, Dios ama al mundo, y *se nos ordena* que vayamos por todo el mundo predicando el evangelio. Sin embargo Jesús enseñó que "ninguno puede venir a mí, si el Padre que me envió no le trajere" (Jn. 6:44). El máximo propósito de Dios no es alcanzar a todo el mundo, porque, si no, ya habría sido alcanzado. Dios se ha asociado con nosotros para extender el evangelio, de modo que todos puedan escucharlo. Pero Cristo nos dijo que solo unos "pocos" encontrarían el camino estrecho que conduce a la vida eterna (Mt. 7:13-14). Decir que el propósito más alto o último de Dios es hacer que el evangelio llegue a todo el mundo contradice las Escrituras y la experiencia; considera que Dios ha fracasado en algo que ni siquiera intenta hacer.

Puede que usted se plantee: "¿Y cuál es el propósito de Dios?". Esta es la cruda verdad que libera a las personas: el propósito final de Dios no tiene que ver nada con usted, conmigo o con cualquier ser humano. El universo no se centra en nosotros, sino en Dios. Dios no existe para cumplir nuestros propósitos; somos nosotros quienes existimos para cumplir los suyos. El motivo por el que nos permite que sigamos respirando es por *sus* propósitos, no por los nuestros. Dios nos transforma no para hacernos sentir bien, o para cumplir nuestros planes. Nos transforma para que podamos cumplir sus propósitos. Dios no está aquí para nosotros; estamos aquí para Él.

TODO ES PARA LA GLORIA DE DIOS

Usted pregunta: "¿Qué quiere Dios exactamente?". El propósito de Dios es glorificarse o manifestarse. Por eso Dios creó el universo.

"Los cielos cuentan la gloria de Dios, y el firmamento anuncia la obra de sus manos" (Sal. 19:1). Dios hizo todos los planetas, todas las estrellas y el universo entero porque quería revelarse a sí mismo.

Usted pregunta: "¿Y por qué hizo a las personas?". Dios ya ha respondido a esta pregunta: "para gloria mía los he creado, los formé y los hice" (Is. 43:7). Dios nos hizo para que pudiéramos glorificarle. Por eso estamos aquí.

Por supuesto, no todos los habitantes del mundo dan gloria a Dios; solo lo hacen las personas que Él ha convertido. "Según nos escogió en él antes de la fundación del mundo... para alabanza de su gloria" (Ef. 1:4, 12).

La gloria de Dios es lo que emana de Él. Como la luz es para una bombilla, o el calor es para el fuego, la gloria es lo que emana de la presencia de Dios. Nadie ha visto a Dios jamás (Jn. 1:18), pero donde Él está, su gloria se manifiesta.

La idea es la siguiente: Dios quiere glorificarse a sí mismo, y manifestarse por medio de usted. De hecho, quiere hacerlo incluso en las cosas más rutinarias que hace usted. "Ya sea que coman o beban o hagan cualquier otra cosa, háganlo todo para la gloria de Dios" (1 Co. 10:31, NVI). Si usted es madre, entienda que en cualquier tarea que desempeñe, incluso en las más habituales y repetitivas, el Dios Todopoderoso quiere manifestar su presencia por la manera en que usted lo hace. Si trabaja en una fábrica, es médico, vendedor o astronauta, la verdad es la misma: Dios quiere manifestar su gloria por medio de usted. Pablo escribió: "¿Acaso ignoran que el cuerpo de ustedes es templo del Espíritu Santo...? Porque ustedes han sido comprados; el precio de ustedes ya ha sido pagado. Por lo tanto, den gloria a Dios en su cuerpo y en su espíritu, los cuales son de Dios" (1 Co. 6:19-20, RVC).

Ahora llegamos al motivo de estar aquí. El motivo es porque *Dios quiere manifestar su poder y su esplendor por medio de su vida*, y si usted se da cuenta de que no le está yendo muy bien, comprenderá perfectamente por qué Él quiere cambiarle. Quiere llevarle al punto en que, independientemente de lo que le suceda, usted confíe en Él y le siga, y se comprometa plenamente con su bondad. Por eso Él le persigue e intenta cambiarle. Ese proceso se llama *santificación*.

¿Y CÓMO SERÉ CUANDO ÉL ACABE DE OBRAR?

Quizá piense: "Si voy a confiar esto a Dios… Me preocupo bastante por mi aspecto. ¿En qué me va a convertir Dios exactamente?". Pablo nos describió como aquellos que se convierten en "vasijas" que honran a Dios: "La voluntad de Dios es que sean santos, entonces aléjense de todo pecado sexual. Como resultado cada uno controlará su propio cuerpo y vivirá en santidad y honor" (1 Ts. 4:3-4, NTV). Fíjese en la palabra *honor*. ¿El honor de quién? ¡De Dios! Cuando Pablo nos comparó con una vasija, un cántaro común, nos enseñaba que el verdadero usted no es su cuerpo, sino su alma. El cuerpo es temporal, y el alma es eterna. La Biblia nos llama a vivir en nuestros cuerpos transitorios de tal manera que honremos a nuestro Creador, "no en pasiones sensuales como viven los paganos, que no conocen a Dios… Dios nos ha llamado a vivir vidas santas, no impuras" (1 Ts. 4:5, 7).

Si usted aún intenta imaginar en qué quiere convertirle Dios, piense en Jesucristo. Él es el modelo de quiénes hemos de ser. Por eso Jesús no se acercó a este mundo para pasar solo tres días, morir por nuestros pecados y resucitar. Pedro escribió: "Cristo sufrió por ustedes, dándoles ejemplo para que sigan sus pasos" (1 P. 2:21, NVI). La esencia del cristianismo es ser como Jesucristo, de manera que cuando las personas nos vean perciban el gozo, la victoria insuperable y la tierna gracia de Cristo. Eso es lo que intenta hacer Dios; pretende hacer a todos sus hijos semejantes a Jesús.

Permítame que le muestre un versículo realmente magnífico. De hecho, tómese un momento para leer esto: "Por tanto, nosotros todos, mirando a cara descubierta como en un espejo la gloria del Señor, somos transformados de gloria en gloria en la misma imagen, como por el Espíritu del Señor" (2 Co. 3:18). Dios quiere cambiarle hasta el punto en que vea a Cristo cuando contemple su vida, de la misma manera que ve su cuerpo físico cuando se mira en un espejo. La gente piensa que Dios lo perdona todo y que intenta meter en el cielo al mayor número de personas posible. ¡Error! Dios se dedica a transformar a las personas. No quiere a esa mayoría de cristianos que se parecen solo un poquito a Jesús; quiere a esa minoría que se parece mucho a su Hijo. Y nos transforma gradualmente, un paso a la vez. Fíjese que el texto dice *de gloria en gloria*. Cualquier oportunidad pequeña para manifestar su gloria, todo pequeño obstáculo en el camino de la vida, son sinónimos de una oportunidad para cambiar.

POR QUÉ ES ESENCIAL LA SANTIDAD

Cuando usted descubre por primera vez que la vida después de la conversión consiste en ser transformado, puede ser una revelación impactante. Puede pensar: "¿Y no podría ir directamente al cielo? Esto me desborda. Yo solo quería la protección contra incendios. No quiero todo ese material pesado, que duele y cuesta, todo eso del cambio. ¿Dios no puede perdonarme sin más?". La sabia respuesta de las Escrituras es: "Ciertamente, ninguna disciplina, en el momento de recibirla, parece agradable, sino más bien penosa; sin embargo, después produce una cosecha de justicia y paz para quienes han sido entrenados por ella… Busquen la paz con todos, y la santidad, sin la cual nadie verá al Señor" (He. 12:11, 14, NVI).

La frase "verá al Señor" es una referencia al cielo. El versículo nos dice que si no hay santidad usted no irá al cielo. La santidad no es el medio para llegar al cielo ni el camino hasta él, pero sí la evidencia de que usted irá allí realmente. Todo aquel a quien Dios convierte en uno de sus hijos (todo el que se convierte) es santificado. Si Dios no le está cambiando, tiene que preguntarse sinceramente: "¿Me he convertido?". Dicho de otra manera: "Si su fe no le cambia, es que no le ha salvado". Las personas que han experimentado un nuevo nacimiento auténtico (las personas que han tenido esa experiencia de la conversión) se transforman.

"Estoy convencido de esto: el que comenzó tan buena obra en ustedes la irá perfeccionando hasta el día de Cristo Jesús" (Fil. 1:6, NVI). Dios no viene a su vida, le perdona y luego sigue con otra persona. Cuando Él entró en su vida, lo hizo para quedarse. El día en que usted se convirtió, Dios empezó algo que no detendrá hasta el último día que pase usted en este mundo. Es el proceso de transformación, y produce santidad.

¿Está dispuesto a comprometerse con una cooperación plena con la obra de transformación que Dios quiere hacer en usted? Esto conlleva una crisis y un proceso. Para que su vida cambie, debe comprometerse.

PREGUNTAS DEL MAESTRO

1. ¿Qué significa la palabra "santificación"? ¿Es una crisis o un proceso? ¿Qué es esa crisis?
2. ¿Cuál es la meta de la santificación? ¿Puede demostrarlo basándose en las Escrituras?

PREGUNTAS DEL PROFETA

1. ¿Por qué los cristianos se contentan tan a menudo con ser perdonados simplemente y no transformados de verdad?
2. Si no nos salvamos por ser santos, ¿cómo se relaciona la santidad con la salvación?

PREGUNTAS DEL PASTOR

1. ¿Por qué le cuesta aceptar la verdad de que Dios le ama?
2. ¿Cómo ha usado el enemigo su pasado para detener la transformación de Dios en su vida?

MANOS A LA OBRA

Dedique unos minutos a hacer dos listas. En la primera, incluya todos los motivos por los que las personas (1) no confían en que Dios las cambie; (2) no quieren cambiar, y (3) tienen miedo de cambiar. En la segunda lista, incluya todos los motivos por los que nosotros (1) podemos confiar en Dios; (2) debemos permitirle que nos cambie, y (3) debemos desear ese cambio. Ahora evalúe la lista. ¿Qué lista se basa en la confianza y en la fe? ¿Cuál se basa en las mentiras y en las dudas?

¡ALCE LA VISTA!

Si usted no es cristiano, no puede hacer la "oración de compromiso" que aparece abajo hasta que haya pasado por la crisis de la conversión, porque el cambio no es posible hasta que se convierta. La conversión le pone en el camino hacia la santificación, el proceso de cambio constante.

Por lo tanto, "¡Alcemos la vista!" con una oración de conversión. Si usted no ha experimentado la crisis de conversión, le invito a que haga esta oración.

Querido Padre celestial:

Sé que soy pecador y que merezco tu rechazo y tu castigo. Gracias por amarme tanto que enviaste a tu Hijo Jesús a este mundo para morir como paga por mi pecado. Me arrepiento de mis pecados y me vuelvo sólo a ti en busca de perdón. Creo que eres el único que puede limpiar mi corazón y cambiarme.

Hoy tomo la decisión de convertirme para seguirte a ti y a tu verdad. Hoy recibo a Jesús como el Salvador y el Señor de mi vida. En el nombre de Jesús. Amén.

A continuación encontrará una oración de compromiso para cristianos; el compromiso de cooperar plenamente con el deseo de Dios de transformarnos.

Querido Padre celestial:

Gracias porque tu máxima pasión es mi transformación. Gracias porque las circunstancias difíciles de mi vida me demuestran que soy de verdad tu hijo. Te ruego que me perdones por resistirme a tus intentos de cambiarme. Ahora decido cooperar plenamente con tu deseo de transformarme. Estoy dispuesto a aprender todo lo que quieras enseñarme. Estoy dispuesto a recibir todo lo que quieras cambiar en mí. Gracias por amarme lo bastante como para hacerme parecido a Jesús, en cuyo nombre oro. Amén.

3 SEAMOS CONCRETOS

CONCEPTO CLAVE:
Para que se inicie el cambio en mi vida, debo iden-
tificar una o dos cosas concretas que Dios quiera
cambiar en ella.

Cuando era pequeño, ¿jugó alguna vez a "esquivar la pelota"? Es ese juego en el que alguien lanza una pelota grande contra un grupo de niños, que corren de un lado para otro mientras intentan esquivarla; el último que queda es el ganador. Recuerdo claramente algunas partidas tremendamente competitivas en el gimnasio de mi colegio. El profesor hacía rodar la pelota hasta el centro de la sala y gritaba "¡A por ella!". Todos los niños salían corriendo alejándose de la pelota, y el niño más grande (que no era yo) se acercaba relajadamente al centro de la sala, recogía la pelota y empezaba a lanzarla en todas direcciones, como si fuera un misil teledirigido. Los demás nos apiñábamos y nos escondíamos unos detrás de otros, por miedo a que pudiera alcanzarnos la pelota. No pretendíamos ganar, sino sobrevivir.

A veces veo que los seguidores de Jesús juegan a una versión espiritual de este mismo juego. La mayoría de cristianos admite que Dios intenta cambiarles, pero esquivan los puntos concretos. "¿Cambiar? ¿Que Dios me cambie? ¡Por supuesto!", decimos a menudo, pero en realidad esquivamos el proceso. Deseosos de aceptar el cambio general, nos retorcemos, agachamos y esquivamos cuando Dios usa a una persona o una circunstancia para señalar las cosas concretas.

Permítame un ejemplo: esta mañana, mientras me preparaba para ir al trabajo, me sentía un poco frustrado por algunas cosas que tendría que solventar hoy, y me di cuenta de que me estaba poniendo de mal humor. Justo entonces mi hijo mayor, Luke, entró en la cocina quejándose de los pantalones que llevaba puestos. Había dejado un rotulador naranja en el bolsillo, y como es lógico durante el lavado había goteado dejando varias manchas de tinta grandes. Mientras él se quejaba, yo llegué al punto de erupción y procedí a decirle, con gran intensidad, que no era justo airear con otros su frustración solo porque le había pasado algo que le molestaba.

Después de pronunciar tres cuartas partes de mi discurso sobre el tema, se me ocurrió que yo estaba haciendo precisamente lo mismo que le ordenaba no hacer. Vaya enseñanza la mía, ¿eh? (Luego hablaré más de cómo me cambia Dios). En este capítulo, ¿permitirá usted que Dios le señale las cosas concretas que pretende cambiar en usted? En toda situación, en toda circunstancia, por medio de cada persona que usted se encuentra, Dios obra para hacerle más parecido a su Hijo, Jesucristo. Esto no puede suceder a menos que usted permita que Dios le señale las cosas específicas. Mientras usted las "esquive", y se relaje en el terreno de lo general, no experimentará el poder transformador del evangelio. Quizá usted se pregunte:

¿QUÉ QUIERE DECIR CON ESO DE "COSAS CONCRETAS"?

La Biblia enseña que a nuestro Dios le gusta el orden (1 Co. 14:40), y puede estar seguro de que Él tiene un plan ordenado para su transformación. Él no empieza a pensar cada día, cuando usted se despierta, qué obra va a hacer en usted. No le afectan los estados de ánimo de usted ni sus circunstancias, y tiene una manera firme pero justa de cumplir lo que concretamente empieza a trabajar en usted (Fil. 1:6). Con "cosas concretas" quiero decir que debemos identificar (con la ayuda de Dios) las áreas específicas donde fallamos o somos derrotados, de manera que Dios pueda concedernos la victoria.

Además de los pecados concretos que hay que eliminar, el cambio también se centra en cosas buenas y específicas que Dios quiere introducir en su vida. No solo se trata de lo que usted tiene que dejar de hacer; también hay cosas importantes que Dios quiere que *empiece* a hacer. ¡Cosas concretas!

Si realmente se toma en serio la transformación personal, debe estar dispuesto a preguntar: "¿Cuál es el siguiente paso? ¿En qué cosa concreta obra hoy el Dios Todopoderoso en mí?". Hasta que no sea tan concreto, para usted la transformación personal no pasará de ser un concepto: una buena idea, pero idílica. A menudo oigo a la gente decir: "¡Sí, quiero ser como Jesús, claro que sí! ¿Quién no?". Pero escuche, sin la disposición a ser concreto no existe un verdadero compromiso con el cambio personal.

¿Puede nombrar un área *específica* de su vida en la que no se parece a Cristo y eso le produce angustia y le hace luchar? ¿Qué cosa *concreta* intenta obrar Dios en usted? No "algún día... algo... de alguna manera...". No, ¿en qué debe trabajar Dios en usted ahora?

SEAMOS CONCRETOS

¡Seamos concretos! Estos cinco pasos le ayudarán a especificar en qué está trabajando Dios en *usted*.

1. PIDA A DIOS SABIDURÍA PARA SABER EXACTAMENTE QUÉ PRETENDE CAMBIAR EN USTED.

Dios es el Arquitecto, el Contratista y el Colaborador en todos los cambios personales. No podemos empezar si no disponemos de sus planos, de su sabiduría concreta sobre dónde ponernos a trabajar. Pero parte de esa sabiduría consiste en usar pruebas. Por tanto, Santiago escribió: "Hermanos míos, considérense muy dichosos cuando estén pasando por diversas pruebas" (Stg. 1:2, RVC). El verbo "pasar" en este caso significa *caer en una dificultad repentina, inesperada*. Así es como llegan las pruebas, ¿no? Usted va tranquilamente por la vida cuando, de repente, "¡Vaya! ¡Pero si no la he visto venir!". Fíjese además en otra palabra: "diversas". Este es en realidad el mismo término usado en una traducción griega del Antiguo Testamento para describir la túnica multicolor de José. Significa que las pruebas vienen de todas las formas y colores. Las pruebas por las que pasa usted son muy distintas a aquellas a las que yo me enfrento. Las pruebas adoptan muchas formas: económicas, relacionales, físicas, emocionales...

Fíjese que Santiago dijo: "considérense muy dichosos cuando estén pasando por diversas pruebas". La expresión verbal "considérense" significa *fijar la mente en*. Significa pensar en algo. La idea es que tome su prueba específica y comience a centrar sus pensamientos en lo que está pasando y por qué. ¿Tiene algún propósito? Es decir, ¿qué puede tener de dichosa esa prueba si usted no descubre cuál es su verdadero propósito?

Según el versículo 3, el objetivo de todas las pruebas es producir paciencia. La Nueva Versión Internacional de la Biblia dice "constancia". El término griego para "paciencia" significa, literalmente, *la capacidad de estar debajo de algo*. Dios pretende generar en usted una capacidad de resistencia, la capacidad de mantenerse bajo presión. Cuando aparece una dificultad en su vida, le presiona. ¿Y qué es lo que desea hacer cuando empieza a sentir de verdad esa presión? Escapar de ella. "¡Oooh! ¿Qué es eso que me aplasta? No me gusta nada: ¡que alguien me lo quite!". A veces oramos, y le decimos a Dios: "¡Por favor, apártalo de mi vida! ¡No *quiero* seguir aguantando!". ¡Dios intenta aumentar su perseverancia!

La perseverancia es la capacidad de mantenerse en pie bajo esa presión, por duro que resulte. Es la capacidad de seguir con ese matrimonio, por difícil que sea; de conservar ese empleo, por mal que lo pase; de mantenerse firme en esa circunstancia difícil, pase lo que pase. Si Dios puede generar esa resistencia en usted, podrá darle también todo lo demás.

La perseverancia es el embudo por la que atraviesa toda virtud cristiana. Todo lo bueno que Dios introduce en su vida a modo de transformación pasa primero por ese embudo de la perseverancia. Si Dios puede introducir en su vida esta característica, podrá convertirle de verdad en la persona que Él quiere que sea. La perseverancia da resultados, sin duda. Fíjese en la promesa: "Pero procuren que la paciencia complete su obra, para que sean perfectos y cabales, sin que les falte nada" (v. 4). Dios puede introducir en su vida todos los rasgos de Cristo si antes ha conseguido enseñarle a perseverar.

Escúcheme, amado o amada. No se trata de cuántas veces caiga, sino de cuánto tiempo se quede en el suelo. ¡Hay tantas cosas que Dios quiere hacer en su vida! Y usted se le ha resistido porque no le deja producir perseverancia en usted. Dios desea *realmente* que usted sepa lo que Él está obrando en su vida, pero todo debe empezar aquí: pida con fe la sabiduría de Dios.

He aquí las buenas noticias: Dios ofrece sabiduría respecto a las cosas concretas. "Si alguno de ustedes requiere de sabiduría, pídasela a Dios, y él se la dará, pues Dios se la da a todos en abundancia y sin hacer ningún reproche" (v. 5).

¿Cuán grande es esta promesa? Dios le ama tanto que está dispuesto a concederle una sabiduría tremenda sobre las cosas específicas que quiere cambiar en usted. No intenta esconderse de usted; simplemente, pregúnteselo. Recuerdo cuando estaba en la secundaria y me pasaba buena parte de la noche de fiesta con mis amigos, y cuando me dirigía al día siguiente a hacer un examen oraba: "Señor, tu Palabra dice que si no tenemos sabiduría, debemos pedírtela...". Este versículo no habla de esto. Se trata de una promesa de sabiduría relativa a las pruebas.

CUANDO USTED PASA POR UNA PRUEBA, EN SU MENTE SURGE UNA PREGUNTA: ¿POR QUÉ?

¿Cuál es la pregunta número uno en la mente de todas las personas que pasan por una prueba? Dos palabras: *por qué*. "¿Por qué pasa esto? ¿Por qué? ¿Por qué? ¿Por qué?", como diciendo "¿Qué intentas enseñarme?".

Dios no responde a todos los *porqué*. ¡Solo al correcto!

Dios no responde al *porqué* existencial, como en "¿Por qué a la gente buena le pasan cosas malas?", "¿Por qué es así el mundo?". Pregunte si quiere, pero se sentirá como en una cámara de resonancia: sólo oirá un silencio resonante.

Dios tampoco responde al *porqué* final: "¿Cómo seré al final?" o "¿Hacia dónde se dirige mi vida?" y "¿Dónde acabará todo esto?".

Otro *porqué* que Dios no responde es el del *ultimátum*, como en "Será mejor que me digas qué está pasando o dejo de formar parte de todo esto". Cuando hacemos esto, es posible que Dios responda con brío: "¡Vaya, ahora sí que me has asustado!". Mire, no podemos amenazar a Dios, ¿de acuerdo? Las amenazas no surten ningún efecto con Él.

Puede que se pregunte: "¿Qué tipo de sabiduría me va a conceder?". El *porqué* que a Dios le complace responder es: "Señor, ¿por qué hoy? ¿Qué pretendes enseñarme esta mañana?"; "Señor, ¿qué tipo de persona quieres que sea esta noche?". Y también "¿Cómo quieres que use esto hoy para producir la justicia de Cristo en mí?". Santiago dijo que Dios otorga *ese* tipo de sabiduría, y que lo hace "en abundancia", y sin reproche. El término *reproche* significa literalmente: *no le clavará los dientes a la persona que pregunte.* Dios nunca grita: "*¿Por qué* me preguntas esto?". Dice más bien: "Me alegro de que por fin me preguntes *por qué* he permitido esto". Dios quiere concederle sabiduría sobre los puntos concretos de la obra que hace en usted.

ASEGÚRESE DE HACER "CON FE" SU PETICIÓN DE SABIDURÍA

Pero esta es la clave, el motivo de que muchas personas sigan confusas sobre lo que Dios intenta hacer en sus vidas. "Pero tiene que pedir con fe y sin dudar nada" (v. 6). ¿Dudar de qué? ¿Dudar de que Dios existe? No, porque si no, no oraría a Él. ¿De qué puede dudar cuando pide sabiduría sobre sus pruebas?

El versículo 8 nos da la respuesta: "El hombre *de doble ánimo* es inconstante en todos sus caminos". La persona que duda en Santiago 1:6-7 dice, en realidad: "Señor, hay una parte de mí que desea saber realmente por qué has permitido esto, que quiere trabajar este tema de verdad. Pero hay otra parte de mi ser que dice: 'Muy bien, Dios, ¿qué intentas enseñarme? Pero, ¿no podría ser esto o lo otro? De acuerdo, Señor, ¿qué quieres cambiar en mi vida? Pero no estoy dispuesto a cambiar estas cuatro cosas. Eso sí, estoy abierto (más o menos) a trabajar en cualquier otra'".

Dios no revelará el motivo específico de lo que intenta cambiar en nosotros mientras limitemos la lista de cosas entre las que puede elegir.

En el versículo 6 hallamos una advertencia para no convertirnos en "cristianos pelota de playa". Santiago nos ordenó no dudar, "porque el que duda es como las olas del mar, que el viento agita y lleva de un lado a otro". ¿Ha visto alguna vez un balón de playa atrapado por las olas? Entre el viento y las olas, usted nunca sabe adónde irá a parar. Va de un lado para otro. ¿Qué grado de control tiene la pelota de playa sobre su dirección? ¡Ninguno! ¿Y cuánto control tiene el creyente sobre dónde va su vida si no está seguro de querer ser realmente lo que Dios quiere que sea? ¡Ninguno! ¿Es usted un "cristiano pelota de playa", que no tiene claro de un día para otro si quiere ser de verdad aquello en lo que Dios le está convirtiendo?

Si es así, no es de extrañar que no haya recibido sabiduría para comprender por qué Dios ha permitido que pase en su vida lo que ha sucedido. Como explicaba Santiago: "Quien sea así, no piense que recibirá del Señor cosa alguna" (v. 7).

Permítame hacer un resumen: Dios no revelará lo que quiere conseguir en su vida a menos que usted le dé carta blanca para trabajar en ella, y diga desde el fondo de su corazón: "Sin restricciones, Señor. Toca cualquier cosa que haya en mi vida. Soy tuyo, ¡y punto!". La idea básica es esta: hasta que usted no colabore plenamente con el deseo que tiene Dios de transformarle (capítulo 2), Él no le dará sabiduría acerca de las áreas de su vida en las que trabaja.

Cuando usted se entrega completamente, estará preparado de verdad para las "cosas concretas".

2. REPASE LAS LISTAS BÍBLICAS SOBRE LAS ACTITUDES Y CONDUCTAS QUE DEBE CAMBIAR.

El Nuevo Testamento está lleno de listas de cosas concretas que Dios quiere cumplir en nuestras vidas. Son actitudes y conductas de las que quiere que "nos despojemos", y también una serie de cosas de las que hemos de "revestirnos". Efesios 4:22, 24, por ejemplo, contiene esta exhortación: "En cuanto a su pasada manera de vivir, despójense de su vieja naturaleza, la cual está corrompida por los deseos engañosos… y revístanse de la nueva naturaleza" (RVC).

Empiece pidiendo sabiduría a Dios, y luego abra su Biblia para consultar una de esas listas, como la de Colosenses 3:5-10 (RVC), y créame que Dios será específico con usted. Ore diciendo: "Señor, convence mi corazón sobre algo que haya en tu Palabra y que quieres cambiar en mi vida". Y luego empiece a leer. En los versículos 5 y 8, por ejemplo, encontrará los actos y las actitudes que debe rechazar: "inmoralidad sexual, impureza, pasiones desordenadas, malos deseos y avaricia. Eso es idolatría… Pero ahora deben abandonar también la ira, el enojo, la malicia, la blasfemia y las conversaciones obscenas".

Mientras lee esta lista, seguramente estará pensando "Eh... sí... muy bien... de acuerdo...". Y luego dirá: "¡Ay!". Sabe de qué le hablo, ¿no? ¿Le ha pasado alguna vez cuando estaba leyendo la Palabra de Dios? Siente esa punzada en el corazón, y sabe que Dios le dice: "*Esta* es una de las cosas en las que trabajaremos en cuanto estés listo". Veamos un ejemplo del versículo 9: "No se mientan los unos a los otros, pues ya ustedes se han despojado de la vieja naturaleza y de sus hechos".

Entonces leeremos cómo "[revestirnos] de la nueva naturaleza" (v. 10), y se nos dirá cómo podemos revestirnos de "entrañable misericordia, de benignidad, de humildad, de mansedumbre y de paciencia. Sean mutuamente tolerantes. Si alguno tiene una queja contra otro, perdónense de la misma manera que Cristo los perdonó. Y sobre todo, revístanse de amor, que es el vínculo perfecto" (vv. 12-14).

Le daré otro ejemplo, Gálatas 5:16. Ahora ya no se usa la imagen de despojarse y revestirse, sino de caminar. La vida cristiana es como un paseo. Dé una vuelta por Gálatas 5:16-21 y vea si hay algo que le salta a la vista. Tome un lápiz y subraye aquello sobre lo que Dios le llame la atención. Además de los problemas que encuentra en Colosenses 3, descubrirá estas "obras de la carne" adicionales (y también puede ser que algo le escueza. Señale esos elementos como áreas en las que Dios quiere que trabaje.): "adulterio... lascivia, idolatría, hechicerías, enemistades, pleitos, celos [eso es un ¡ay!: lo subrayo]... contiendas [¡ay!], disensiones, herejías, envidias [¡otro ay!], homicidios, borracheras, orgías" (vv. 19-21).

Por tanto, esas son las cosas que deben irse, y lo que entra es el fruto del Espíritu, la evidencia de que Él está presente en mi vida: "amor, gozo, paz, paciencia, benignidad, bondad, fe, mansedumbre, templanza" (vv. 22-23).

¿Por qué salen estas cosas en la Biblia? Porque Dios desea que su pueblo lea la lista y descubra en ella los beneficios concretos que Él quiere introducir en sus vidas.

Durante muchos años, cuando hablaba con cristianos, tenía la costumbre de preguntarles: "¿Qué está haciendo Dios en su vida?". He preguntado cientos de veces: "¿Cómo obra Dios en su vida estos días?". En mi calidad de pastor, puedo permitirme hacer este tipo de preguntas, y cuando lo hago obtengo tres tipos de respuesta.

1. *La respuesta cristiana genérica.* Dice así: "Me enseña a amarle más" o "Me dice que debo confiar más en Él" o "Tengo que servirle mejor". Es la típica respuesta genérica, indefinida, "cristiana", y me pregunto: *¿De verdad tienes una respuesta?*

2. *La respuesta evasiva.* Esta me la encuentro con bastante frecuencia incluso cuando no conozco a la persona. Pregunto: "¡Eh! ¿Cómo está obrando Dios en su vida?", y la gente me dice cosas como: "Bueno, pues... La verdad, mire usted, es que nadie me había preguntado nunca algo tan concreto. Es bastante... eh... personal, ¿sabe?, esto de hablar de lo que sucede en mi vida. Creo que... que no voy a responder a esa pregunta". Y yo pienso para mis adentros: *¡Porque no puedes!*

3. *La respuesta que no lo es.* Algunas personas simplemente no me responden. Pregunto: "¡Eh! ¿En qué área de su vida trabaja Dios hoy? ¿Hay algo concreto sobre lo que Él le reta actualmente?". Y responden: "Yo... eh... Pues no creo que mi equipo favorito de futbol ganará la liga este año". Es la práctica del cambio de tema, no muy sutil que digamos.

Como cristianos, podemos mentir de esta manera. Lo siento, pero tengo que decirlo; en ocasiones no somos sinceros, mentimos. Cantamos himnos y decimos ciertas cosas incluso cuando no las tomamos en serio. ¿Recuerda aquella antigua canción que dice "Él sigue obrando en mí"? Cada vez que lo oigo me dan ganas de gritar: "¿En qué? ¿En qué está obrando Dios?".

¿EN QUÉ ASPECTOS CONCRETOS DE SU VIDA ESTÁ OBRANDO DIOS?

Hasta que pueda responder con seguridad en qué cosas *concretas* trabaja Dios en su vida, no progresará mucho.

No se niegue a concretar cuáles son los cambios usando el argumento de que la santificación es obra *solamente* del Espíritu Santo. Algunos cristianos arguyen esto pero, si fuera cierto, ¿por qué hay tantas enseñanzas bíblicas sobre nuestro papel en el cambio? Otros contraatacan diciendo: "No es el Espíritu Santo; tenemos que hacerlo todo nosotros. Hemos de cambiarnos a nosotros mismos". Pero Pablo advirtió a un grupo de creyentes: "¡Gálatas torpes! ¿Quién los ha hechizado a ustedes?... Después de haber comenzado con el Espíritu, ¿pretenden ahora perfeccionarse con esfuerzos humanos?" (Gá. 3:1, 3, NVI). Admita que se trata de una colaboración entre usted y Dios, y que Él está dispuesto a hacer su parte si usted se compromete a hacer la que le toca.

Haga esto: aísle su propia área de necesidad. No se meta con aquello que debe cambiar su cónyuge, ni con lo que debe aprender su padre. Todo seguidor de Jesucristo debería poder especificar dos o tres cosas que Dios quiere cambiar en ellos; ¿puede hacerlo usted? Debería tenerlas en la punta de la lengua.

Además, no se niegue a concretar cuáles son los cambios escondiéndose tras los puntos fuertes de su iglesia. Cuando Dios nos mira, no dice: "¡Ahí están los de la Iglesia Bíblica de la Cosecha! ¡Oh, y esos son los santos maravillosos de la Primera Iglesia Bautista! ¡Y mira eso, esas personas maravillosas de la Iglesia Presbiteriana San Lucas!". Dios no nos contempla como grupo, sino como individuos. Tal como argumentaba Pablo en Romanos 14:10, 12: "Pero tú, ¿por qué juzgas a tu hermano? O tú también, ¿por qué menosprecias a tu hermano? Porque todos compareceremos ante el tribunal de Cristo... De manera que cada uno de nosotros dará a Dios cuenta de sí".

Usted *dará* cuentas de su vida ante Dios. Tendrá que hablar en su presencia. Y quizá Dios tenga que decirle: "¿Cuál era exactamente el problema? ¿Por qué no pudimos progresar mejor en aquellas cosas que yo deseaba hacer contigo?". Todo el mundo tendrá que rendir cuentas, y cuando llegue ese momento no queremos hablar de otros ni echarles la culpa de nada.

3. IDENTIFIQUE SUS PROPIAS ÁREAS DE NECESIDAD.

En la página siguiente encontrará una lista de los puntos débiles que yo considero más devastadores para el carácter de un creyente. La lista se centra en cosas de las que debemos "despojarnos" según las Escrituras. Hago hincapié en esto porque nadie quiere ponerse un traje o un vestido nuevos antes de haberse quitado los viejos. Centrémonos primero en las cosas que tienen que desaparecer, y creo que de una forma bastante natural usted entenderá cuáles son las cosas que deben sustituirlas.

Quiero que sepa que la siguiente lista ha sido muy importante para mi vida y para mi iglesia. Dedique un tiempo a estudiarla y a valorarse en una escala del 1 al 10. Seguramente en algunas de las categorías se dirá: "Esto no es un problema en mi vida, en absoluto". Si eso es cierto, ponga un 0. Si la actitud es extremadamente infrecuente, ponga un 1. Si aparece en su vida de vez en cuando, pero muy de vez en cuando, escriba 2 o 3. Si es un problema a veces, puntúela con 5. Si es una lucha frecuente, entonces estará más en la categoría de un 7. Si sabe que es uno de sus puntos débiles cruciales, deberá señalarla con un 8, un 9 o un 10.

Voy a ayudarle a empezar. Si está pensando en cerrar el libro porque no soporta la molestia de analizarse, puntúese alto en "tozudez". Y si siente el deseo de poner un 9 o un 10 al lado de cada actitud, seguramente tendrá que trabajar en el área de "desprecio u odio por uno mismo". Si escribe 0 y 1 al lado de todos los puntos, su necesidad radica en la autojustificación. Si quiere cambiar pero no parece hallar las fuerzas necesarias para trabajar en su vida, seguramente tendrá que empezar trabajando en la "pereza".

SEAMOS CONCRETOS:
LO QUE DEBE CAMBIAR EN MI VIDA

Ésta es una lista de actitudes y de sentimientos de los que todo seguidor de Cristo debe "despojarse" en su vida. Escriba un número, del 1 al 10, antes de cada una, para indicar el grado de presencia en *su* vida. Ponga 0 si "no es un problema" y 10 si lo es regularmente. (Para más información sobre cómo valorar cada actitud, consulte la página anterior.)

__ Adicción	__ Alcoholismo	__ Autoindulgencia
__ Adicción al trabajo	__ Amargura	__ Autojustificación
__ Afán de discutir	__ Ansiedad	__ Avaricia
__ Afán de mando	__ Autoconfianza	__ Baja autoestima
__ Aislamiento	__ Autogratificación	__ Causa disensión

__ Celos

__ Codicia

__ Controlado por la
presión social

__ Controlado por las
emociones

__ Culpa (falsa)

__ Culpa a otros de
todo

__ Demasiado callado

__ Demasiado sensible
a la crítica

__ Depresión

__ Deseos lascivos

__ Desprecio u odio
por uno mismo

__ Dominancia

__ Drogadicción

__ Egocentrismo

__ Engaño

__ Envidia (le deprime
la fortuna de otros)

__ Falsa modestia

__ Falta de amor (por
los poco atractivos)

__ Gula

__ Hedonismo

__ Homosexualidad

__ Hostilidad

__ Idolatría

__ Impaciencia

__ Impulsividad

__ Independencia

__ Indiferencia a los
problemas de otros

__ Inhibiciones

__ Inseguridad

__ Intemperancia

__ Intolerancia

__ Ira

__ Jactancia

__ Lástima por uno
mismo

__ Lengua crítica

__ Malhumor

__ Materialismo

__ Misantropía

__ Murmuración

__ Necesidad de
devolver cualquier
favor

__ Negatividad

__ Nerviosismo

__ No perdonador

__ Odio

__ Pasividad

__ Pensamientos sucios

__ Pereza

__ Práctica del
ocultismo

__ Prejuicios

__ Preocupación

__ Profanidad

__ Rebelión ante la
autoridad

__ Resentimiento

__ Se siente débil o
indefenso/a

__ Se siente estúpido/a

__ Se siente indigno/a

__ Se siente rechazado/a

__ Sensualidad

__ Temor

__ Tozudez

__ Tristeza

__ Vanidad

Cada día que pasa nos acercamos más a la eternidad. Todos estaremos en ella, y si usted no siente el deseo de ver cómo el Dios Todopoderoso realiza una obra transformadora en su vida, tendrá que comprobar que no esté desconectado.

4. CONFIESE SU PECADO A UN AMIGO.

Quizá en este punto le ayude un poco si confieso los pecados concretos que Dios identificó cuando repasé la lista. Quizá diga: "Un momento, no quiero que lo haga. Pensaba que solo teníamos que confesar nuestros pecados a Dios". Sí, confesamos nuestros pecados a Dios pidiendo perdón a través del Mediador, Jesucristo (1 Ti. 2:5). Pero acudimos a nuestros hermanos y hermanas en Cristo para que nos respalden en el proceso de cambio. Santiago 5:16 dice: "confiésense unos a otros sus pecados" (NVI).

Esto es lo que algunas iglesias han entendido mal. No se trata de un montón de personas que confiesan sus pecados a otra persona superior; se trata de confesarnos nuestros pecados unos a otros. Todos los cristianos, sobre la misma base, admiten ante los demás sus luchas y sus debilidades. La palabra "confesar" significa *decir una misma cosa*. Cuando usted acude a sus amigos para confesar sus pecados, dice lo mismo que ellos llevan mucho tiempo diciendo. Será como si le dijeran: "¡Es maravilloso que al final te hayas dado cuenta!". Les encantará saber que Dios le ha revelado personalmente algo de lo que las personas que están a su alrededor ya eran más que conscientes.

Usted dice: "¿Por qué haría eso? ¿Por qué confesar mis pecados a un amigo?". Por dos motivos:

1. *Para salir al descubierto.* Como escribió el apóstol Juan, confesar nuestros pecados nos ofrece comunión con otros, y el perdón por medio de Cristo: "pero si andamos en luz, como él está en luz, tenemos comunión unos con otros, y la sangre de Jesucristo su Hijo nos limpia de todo pecado" (1 Jn. 1:7).
2. *Para recibir respaldo en oración.* Cuando la personas que le rodean se convenzan de que usted se ha tomado en serio el cambio, le apoyarán fielmente en oración pidiendo que Dios obre lo mejor y más excelso en su vida. Todo el mundo quiere orar por cosas que saben que Dios está deseoso de hacer.

Por tanto, como dije antes… permítame ser el primero. Hace poco volví a repasar toda la lista, incliné mi cabeza y le pedí a Dios que me diera sabiduría, y luego medité en una palabra tras otra. Mientras lo hacía, oraba diciendo "Señor, ¿tengo esa actitud?". No me enorgullece decir que en doce de las categorías tuve que anotar un 8 o más. Las marqué en verde. Después de detectar esas doce actitudes de la categoría "debo cambiarlas", volví a repasar la lista, centrándome en las doce, y orando: "Señor, soy sincero al respecto. De verdad quiero cambiar, y necesito saber cuál es el siguiente paso". Mientras oraba, me pareció que el Señor subrayaba algo que, claramente, figuraba en el siguiente punto de su agenda para cambiarme.

Sentí que Dios me decía: "James, ya es hora de abordar tu problema de los estallidos de ira y de frustración". Quienes me conocen mejor y trabajan cerca de mí estarían de acuerdo en que a menudo no estoy a la altura durante las épocas de gran estrés o presión. Ya sea con mis familiares o con el personal de mi iglesia, y lo digo para mi vergüenza, me frustro y, en ocasiones, proyecto ese sentimiento sobre los demás. No digo palabras malsonantes ni arrojo cosas, y nunca he hecho daño a nadie, al menos no físicamente, pero sé que en ocasiones he herido con mis palabras a las personas que amo.

Así que empecé a orar: "Señor, no quiero usar las presiones que siento o un cambio en mis circunstancias para excusar una ira que no te complace y que hace daño a quienes amo". En el capítulo siguiente le diré más cosas sobre cómo ha usado Dios esta oración en mi vida, pero permítame que le diga ahora que cuando permitimos que Él sea específico con nosotros, el cambio viene de camino.

Todos nosotros necesitamos conocer el poder de confesar nuestro pecado a un amigo de confianza. Si no lo ha hecho nunca, puede que le cueste mucho decirle a una persona: "Le estoy fallando al Señor en esta área". Resulta duro decir "No soy la mujer que Dios quiere que sea", o "No soy el hombre que Dios pretende que sea en esta área". Veamos algunas sugerencias que le ayudarán a confesar sus pecados a un amigo:

- Elija a alguien que también quiera cambiar, de modo que la confesión sea mutua.
- Elija a alguien de su mismo sexo. Si está casado, intente no elegir a su cónyuge, dado que él o ella puede tener dificultad para ser objetivo con alguien tan cercano.
- Solicite y prometa una confidencialidad total a la persona con quien comparta esos momentos.
- Tras compartir, oren juntos, confesando sus pecados a Dios.

Si más adelante usted duda de haber sido sincero, su amigo le podrá tranquilizar.

5. *EXPRESE AL SEÑOR SU VOLUNTAD DE CAMBIAR.*

Las Escrituras incluyen una promesa fenomenal para todo hijo de Dios que quiera cambiar. "Y esta es la confianza que tenemos en él, que si pedimos alguna cosa conforme a su voluntad, él nos oye. Y si sabemos que él nos oye en cualquier cosa que pidamos, sabemos que tenemos las peticiones que le hayamos hecho" (1 Jn. 5:14-15). Sabiendo que Dios hará todo lo que le pidamos si es su voluntad, y sabiendo que nuestra transformación es la voluntad de Dios para nosotros (1 Ts. 4:3), podemos estar plenamente confiados en que Dios nos cambiará si se lo pedimos. Si usted acude ante Él con fe y confianza y le dice "Señor, estoy dispuesto a que me cambies, y quiero que trabajes en esto concretamente, porque sé que es tu voluntad", puede estar seguro de que Él actuará.

PREGUNTAS DEL MAESTRO

1. ¿Cómo sabemos que Dios desea realmente cambiarnos?
2. ¿Por qué somos tan reacios a concretar lo que necesitamos cambiar en nuestra vida?

PREGUNTAS DEL PROFETA

1. ¿De qué manera(s) se ha rebelado contra la obra transformadora de Dios en usted?
2. ¿Qué áreas de pecado ha racionalizado excluyendo a Dios de ellas?

PREGUNTAS DEL PASTOR

1. ¿Por qué es esencial creer que Dios nos ama antes de concretar las áreas de cambio?
2. ¿De qué manera(s) le ayuda saber que Dios obrará en usted haciendo sólo una o dos cosas a la vez?

MANOS A LA OBRA

Rellene y repase la lista "Seamos concretos: Lo que debe cambiar en mi vida". Luego, quede con un amigo para reunirse y pasar momentos de confesión mutua y de oración. (Para ver las pautas para elegir a ese amigo, consulte la sección "4. Confiese su pecado a un amigo").

¡ALCE LA VISTA!

Querido Padre celestial:

Te doy las gracias por tu búsqueda permanente de mi transformación. Creo que me amas y que lo que más deseas es beneficiarme, de modo que acudo a ti por fe, totalmente decidido a ser concreto. Por favor, revélame cuáles son las cosas que quieres cambiar en mi persona. No habrá restricciones.

Señor, quiero ser todo lo que Tú quieras que sea, y ahora estoy dispuesto a trabajar. Te ruego que seas concreto conmigo, por medio de tu Espíritu Santo. Te lo pido en el nombre de Jesús. Amén.

Parte 2

EL PROCESO DEL CAMBIO

¡Buen trabajo! Ha terminado la primera parte, "La preparación para el cambio". Si ha aplicado lo aprendido y ha hecho las tareas, debería:

- *haber rechazado los métodos de cambio incorrectos;*
- *haber dicho a Dios que usted está dispuesto a cooperar con su deseo de transformarle, y*
- *haber sido realmente concreto al hablar de su pecado, eligiendo una o dos cosas que está dispuesto a cambiar y confesándolas a un amigo de confianza.*

Si puede decir: "He hecho estas cosas; ayúdame, Señor", está preparado para avanzar a la segunda parte, que es muy emocionante. Se llama "El proceso del cambio". Si no ha hecho esas cosas, bueno… quizá podría regalarle este libro a un amigo o algo así…

*¿Le parece duro? Recuerde que no estamos intentando llenar la mente de información sin avanzar en realidad, sino que le pedimos a Dios que nos cambie de verdad. Para que eso suceda, ¡**debemos estar dispuestos a hacer nuestra parte**!*

4 PRIMER PASO: EL ARREPENTIMIENTO

CONCEPTO CLAVE:
El verdadero arrepentimiento es el primer paso de todo cambio, pero no resulta fácil.

Quiero que sepa que decía en serio lo que escribí en los tres primeros capítulos. Dios ha realizado una obra transformadora fantástica en mí, y realmente lo necesitaba. Justo después de haber predicado los tres primeros capítulos de este libro en nuestra iglesia, me subí a un avión y volé a Canadá para llevar a cabo una ardua semana de ministerio. Estaba trabajando sobre la ira, o más concretamente sobre los estallidos de frustración, de modo que había orado a Dios pidiéndole concretamente que me diera oportunidades para trabajar sobre ese tema durante el tiempo que pasara dedicado al ministerio. Lo único que puedo decir es que Dios escuchó esa oración y la respondió "alto y claro".

Como entrenador del equipo de baloncesto en el que juega mi hijo, había estado en un partido animándoles, pero me fui pronto. Quería evitar ese tipo de prisas que conducen a mi pecado de la ira, de manera que llegué al aeropuerto con mucha antelación, casi una *hora* antes de que saliera el vuelo; pero después de todos mis esfuerzos, que incluyeron perderme el final de un partido disputado (ganaron por un solo punto en la prórroga), el avión no despegó hasta al cabo de *cuatro* horas. De hecho, juntaron mi vuelo con otro que salía más tarde, aduciendo problemas con la nieve. (No había nieve; sencillamente, se ahorraban dinero metiendo a todos en un solo vuelo. ¡No lo soporto!). Al final subí a bordo (dos horas y media tarde) y estuvimos esperando en la pista una hora y cuarto, antes de poder despegar. Mientras estaba allí sentado, oraba: "Señor, esta es mi oportunidad de trabajar sobre estos temas".

Entonces empezó a suceder algo impresionante; a pesar de lo dura que fue toda la semana para mí, acabó siendo maravillosa. Me invadía una gran sensación de estar trabajando con el Señor, cediendo a su agenda para mi cambio. Empecé a experimentar la victoria en lugares en que antes padecí solo derrotas, y mi corazón se llenó de un gozo que raras veces había conocido hasta entonces. Pero me estoy adelantando. En aquel momento, ya había hecho el tipo de trabajo del que hablaremos en este capítulo. Es un trabajo que todos debemos hacer para experimentar ese gozo que sobrepasa todo entendimiento. Así que, ¡manos a la obra!

EL PRIMER PASO: ¡EL ARREPENTIMIENTO!

El arrepentimiento es el primer paso de todo cambio. Imagine que pudiera sostener en la mano un área concreta de derrota y/o pecado personal. Está ante su vista, y le pide a Dios que cambie esa área de dentro afuera. El arrepentimiento es el primer paso de ese proceso. Si no empieza ahí, *no tiene adonde ir.* ¡Así ha actuado siempre Dios!

Jesús dijo: "Yo… a todos los que *amo*" (Ap. 13:9). Ahí tiene una expresión de su corazón: ¡el amor incondicional! El amor que es no depende de cómo actúe usted, porque está fundamentado en la propia naturaleza divina, y es inmutable. Así que, ¿qué cree que dijo Jesús? "¿Yo consiento a todos los que amo? ¿Yo respondo rápidamente y con precisión las oraciones de todos los que amo? ¿Yo dejo en paz a todos los que amo y permito que disfruten de la vida tal y como son?". ¡No! Jesús dijo: "Yo reprendo y castigo a todos los que amo; sé, pues, celoso, y arrepiéntete". Dios obra siempre para cambiarnos, y lo primero que pide de nosotros es el arrepentimiento.

Sé que a algunas personas solo les han enseñado sobre el amor y el perdón de Dios. Creen erróneamente que el amor de Dios es más fuerte que todos sus otros atributos, que obrará para transformarle en cualquier momento en que a usted le apetezca ser libre del pecado. Es triste pero cierto: hoy día cuesta incluso encontrar a un predicador que hable del arrepentimiento, y mucho menos que lo proclame como el primer paso no negociable que impone Dios. Por tanto, si a usted le cuesta aceptar esta verdad, permítame fundamentarla con un repaso de la Biblia.

LA VISIÓN BÍBLICA DEL ARREPENTIMIENTO

EL ARREPENTIMIENTO EN EL ANTIGUO TESTAMENTO

En el Antiguo Testamento, los profetas solían predicar sermones de una sola palabra. Moisés, Isaías, Jeremías, Ezequiel, Oseas, etc., hicieron esto. Cada uno predicó el mismo sermón. "¡Arrepiéntanse!". Ese era todo su mensaje. Y luego lo predicaban en toda la ciudad. "Buenos días. ¡Arrepiéntanse!". A lo largo del Antiguo Testamento, de los labios de los profetas surge, como un eco, esta palabra: *Arrepiéntanse*. "¿Cuál es su pregunta?". "Quiero estar en paz con Dios. Quiero aprender a hacerlo. Quiero crecer en esto o en…". "¡Arrepiéntase!". El mismo mensaje.

EL ARREPENTIMIENTO EN EL NUEVO TESTAMENTO

Sorprendentemente, cuando entramos en el Nuevo Testamento, el primer mensaje que predicó Juan el Bautista no fue muy original: "Arrepiéntanse, porque el reino de los cielos está cerca" (Mt. 3:2, NVI). Jesucristo, mientras preparaba a los discípulos para que fueran ministros excelentes, les envió a predicar. ¿Cuál fue su mensaje? "Y saliendo, predicaban que los hombres se arrepintiesen" (Mr. 6:12). En Lucas 15:7, Jesús dijo algo asombroso: "¡hay más alegría en el cielo por un pecador perdido que se arrepiente y regresa a Dios que por noventa y nueve justos que no se extraviaron!" (NTV). Y con esto se refería a personas que *piensan* que no necesitan arrepentirse. *Cada persona que lea este libro con el deseo de cambiar necesitará exactamente lo mismo: ¡arrepentimiento!*

Fíjese cuál fue el primer sermón de la iglesia primitiva. Se convirtieron tres mil personas. Pedro se puso en pie y, ¿cuál fue su mensaje? "Arrepiéntase" (Hch. 2:38, NVI). ¿Su segundo mensaje? "Por tanto, para que sean borrados sus pecados, arrepiéntanse y vuélvanse a Dios, a fin de que vengan *tiempos de descanso* de parte del Señor" (Hch. 3:19, NVI).

A lo mejor usted lee esto y sabe en su corazón que su vida espiritual se ha vuelto bastante aburrida o seca, y se pregunta: "¿Qué ha pasado con mi amor por Cristo? ¿Qué le pasó a mi pasión por las cosas espirituales? ¿Cómo puedo recuperar esos 'tiempos de descanso'?''. Espero que a estas alturas conozca la respuesta: ¡arrepiéntase!

En Hechos 17:30 el apóstol Pablo manifestó el corazón de Dios cuando dijo: "Pero Dios, habiendo pasado por alto los tiempos de esta ignorancia, ahora manda a todos los hombres en todo lugar que se arrepientan". Más adelante Pablo empezó a formar a la siguiente generación de pastores. "Que con mansedumbre corrija a los que se oponen, por si quizá Dios les conceda que se arrepientan" (2 Ti. 2:25). Pedro enseñó lo mismo: "El Señor… es paciente para con nosotros, no queriendo que ninguno perezca, sino que todos procedan al arrepentimiento" (2 P. 3:9). El primer paso, lo primero de todo, es el arrepentimiento.

EL DESEO DE DIOS PARA TODOS ES EL MISMO: EL ARREPENTIMIENTO.

Quizá usted piense: "Esto está bien para aquellos apóstoles tan bastos y duros, pero ese no es el corazón de mi Pastor Jesús". Piénselo de nuevo. El propio Jesús dijo a la iglesia de Éfeso y, por aplicación, a todos los creyentes de todos los tiempos: "Recuerda, por tanto, de dónde has caído, y arrepiéntete, y haz las primeras obras; pues si no, vendré pronto a ti, y quitaré tu candelero de su lugar, *si no te hubieses arrepentido*" (Ap. 2:5). Aquí lo tenemos de nuevo: hablaba Jesucristo. "Por tanto, arrepiéntete; pues si no, vendré a ti pronto, y pelearé contra ellos con la espada de mi boca" (v. 16). Volvemos al punto de partida, Apocalipsis 3:19: "Yo reprendo y castigo a todos los que amo; sé, pues, celoso, y arrepiéntete".

El arrepentimiento es el primer paso en todo cambio. Si realmente quiere cambiar, si desea una transformación duradera, este debe ser su punto de partida.

UNA DEFINICIÓN DEL ARREPENTIMIENTO

Sé que usted quiere cambiar sinceramente, porque de otro modo no habría llegado hasta aquí en su lectura. Sin embargo, en ocasiones se siente atrapado en su pecado concreto. ¿Alguna vez ha visto en su vida ese círculo vicioso de pecado, confesión, nuevo intento; pecado, confesión, nuevo intento; siempre prometiendo a Dios que cambiará, pero raras veces experimentando el cambio? ¿Podría ser que realmente no se hubiera arrepentido de ese pecado?

El término griego en el Nuevo Testamento para arrepentimiento es *metaneo*. Literalmente significa *pensarlo de nuevo, cambiar de idea*. Todo cambio empieza con un cambio *mental*. Fíjese en la palabra *mental*. El arrepentimiento no es un cambio de escenario. El arrepentimiento no es una iglesia nueva, un trabajo nuevo o un cónyuge nuevo. El arrepentimiento es un cambio interior, un cambio en mi manera de pensar sobre algo.

¡ABAJO EL ENGAÑO!

En todo pecado hay engaño. Para ilustrar esto, juguemos una partida del juego *Combate de pecadores*. (Comienza la música). Bienvenidos a *Combate de pecadores*. ¡Hoy presentamos a la Familia Fingido!... ¡Y a la familia Razona!

Empecemos el concurso. Hemos entrevistado a cien personas, y en su pizarra verán las cinco respuestas más frecuentes a la siguiente petición: Nombre un autoengaño que usa la gente cuando quiere pecar... Nuestra encuesta indica esto:

Número 5: "Solo será esta vez. Puedo controlarlo".

Número 4: "Lo esconderé, lo taparé. No lo sabrá nadie".

Número 3: "Todo el mundo lo hace".

Número 2: "Si me hace sentir tan bien, no puede estar mal".

Y la respuesta número 1 es... (redoble de tambor): "Yo lo haré, y luego ya le pediré a Dios que me perdone".

¿Reconoce alguna de estas? La triste verdad es que no tuve que hacer ninguna encuesta, solo consultar mi banco de memoria. Estos y otros autoengaños son la gimnasia mental de elegir pecar. El arrepentimiento consiste en detectar y destruir las racionalizaciones que le llevan a pecar. Supone cambiar de opinión sobre esas mentiras.

CÓMO SABER SI SE HA ARREPENTIDO

¿Cómo puede saber si realmente se ha arrepentido? *Primero, el arrepentimiento genuino conduce a la confesión del pecado*. La palabra *confesión*, que en griego es *homologeo*, significa *decir lo mismo*. La confesión significa decir lo mismo que Dios sobre su pecado. Creo que hemos entendido muy mal este concepto de la confesión. Muchos creyentes se saben de memoria 1 Juan 1:9: "Si confesamos nuestros pecados, él es fiel y justo para perdonar nuestros pecados". Es un versículo que usamos muy a menudo, que llevamos en nuestras carteras y al que nos referimos sin cesar.

"Perdóname, Dios. He pecado".

"¡Vaya! Perdóname, Señor, he vuelto a hacerlo. Gracias por tu perdón".

"¡Ooooh! Perdona, Dios. ¡Ya lo he hecho *otra vez!*".

"Perdóname, Señor. He vuelto a hacer*lo*".

"Lo siento, Señor". Eso *no* es una confesión. *No puede confesar su pecado a menos que se arrepienta de él. No puede decir lo mismo que dice Dios sobre su pecado a menos que vea lo que Dios ve.* De hecho,

EL ARREPENTIMIENTO ES EL PROCESO DE VER NUESTRO PECADO COMO DIOS LO VE.

Solo cuando vemos nuestro pecado como Dios lo ve podremos decir lo que Él dice al respecto. Solo entonces *romperemos* el círculo de pecado, confesión, nuevo intento; ese juego espiritual al que jugamos y que no da gloria a Cristo ni nos transforma. El primer resultado del verdadero arrepentimiento es una *confesión* genuina de mi pecado a Dios.

Segundo, el arrepentimiento genuino lleva a la restitución. En las Escrituras, Zaqueo es el máximo exponente de esto. ¿Recuerda a aquel hombre bajito que se subió a un árbol para llamar la atención de Jesús? Y resulta que lo consiguió. Zaqueo había sido recaudador de impuestos, y se había enriquecido, y cuando se arrepintió de su pecado ante Dios, supo que tendría que hacer las paces también con otros, de modo que le dijo a Jesús: "Si en algo he defraudado a alguno, se lo devuelvo cuadruplicado" (Lc. 19:8).

Cuando hacemos las paces con Dios de verdad, queremos hacerlas también con otros. Es el siguiente paso natural. Después de más de quince años como pastor, he visto a muchos cristianos que afirmaban estar en paz con Dios cuando yo sabía que no habían intentado enderezar las cosas con otros. He visto divorcios que no eran bíblicos, en los que un cónyuge se va con otra persona, cambia de iglesia y empieza a adorar junto a su nueva pareja, como si no hubiera pasado nada. ¿Cómo se restituye una relación rota entre esposo y esposa que acaba en divorcio? Cuando tiene lugar un divorcio no bíblico, los tipos de restitución están limitados. Puede escribir una carta o reunirse con la otra parte y pedirle perdón. Pero, ¿basta eso para borrar el daño causado en dos vidas? La dificultad para hacer una restitución correcta refuerza la verdad de que el arrepentimiento no es fácil. Si no hay restitución, no ha habido un verdadero arrepentimiento. Si no hay verdadero arrepentimiento, adorar a Dios es una farsa. He visto a personas que dividieron iglesias mediante una murmuración divisiva, destructiva, y que luego se cambiaron de iglesia como si nada. Luego me enteré de que trabajaban como líderes de su nueva iglesia, aunque nunca pidieron perdón por las mentiras destructivas que propagaron. No es de extrañar que esas iglesias tengan problemas, si tienen como dirigentes a semejantes hipócritas. Dios no puede bendecirlas, y no lo hará.

¡El arrepentimiento genuino acaba en la restitución! Hemos de olvidarnos de la idea de que podemos estar bien con Dios y no con los demás. Usted no estará en paz con Dios hasta que haya intentado arreglar las cosas con las personas afectadas por su pecado. Los dos resultados del arrepentimiento en el corazón son (1) la confesión del pecado que va verticalmente, a Dios; y (2) la restitución por el pecado, que se extiende horizontalmente a aquellos afectados por mi pecado.

Cuando usted está dispuesto a acercarse a alguien y decirle "Siento haberte ofendido. No tengo excusa. He venido a pagar lo que debo. He pedido perdón a Dios y ahora te lo pido a ti", cuando está dispuesto a hacer eso, demuestra que su arrepentimiento es genuino. Si siempre hace la parte que le corresponde con Dios, pero nunca la parte que toca con los demás, en realidad no se arrepiente, y por eso no cambia. ¡El verdadero arrepentimiento es el primer paso de todo cambio!

EL RETO DEL ARREPENTIMIENTO

El arrepentimiento no es fácil. Creo que en nuestros días hace mucha falta el arrepentimiento sincero. No el conocimiento de la

Biblia, ni la oración, ni el ministerio, ni la adoración, ni los dones del Espíritu. Cuando tiene lugar un verdadero arrepentimiento, tales cosas son su consecuencia. Sin él, no puede darse jamás. El arrepentimiento es la llave que abre la cerradura de la puerta de todo lo que Dios tiene para nosotros.

Pablo quería que los convertidos corintios experimentasen todo lo que Cristo tenía para ellos, y la tristeza santa era la clave. Escribió: "Sin embargo, ahora me alegro, no porque se hayan entristecido sino porque su tristeza los llevó al arrepentimiento. Ustedes se entristecieron tal como Dios lo quiere, de modo que nosotros de ninguna manera los hemos perjudicado" (2 Co. 7:9, NVI). Quizá el arrepentimiento no sea fácil, pero su recompensa es grande. "La tristeza que proviene de Dios produce el arrepentimiento que lleva a la salvación, de la cual no hay que arrepentirse, mientras que la tristeza del mundo produce la muerte", escribió Pablo en el versículo 10.

LA TRISTEZA GENUINA, SANTA

Fíjese que el arrepentimiento empieza en la tristeza, la compunción sincera por el pecado. Sabemos qué significa *tristeza*; lo que pasa es que no estamos acostumbrados a experimentarla en relación con nuestro pecado. La palabra *tristeza* significa literalmente *dolor, sufrimiento interno, angustia del alma*. No toda tristeza conduce al arrepentimiento. Hay un tipo de tristeza que no es santa, porque es la tristeza del mundo. Como en "Lamento sentirme tan mal". "Siento que me hayan pillado". "Lamento que me hayan herido". "Siento que no te guste esto, Señor". Esta es la tristeza mundana, cuyo foco está en nosotros mismos.

Los resultados de la tristeza mundana son dobles. Primero, la tristeza mundana produce un remordimiento distinto a la tristeza santa, del que "no hay que arrepentirse". Todos sentimos el tipo de tristeza mundana que produce remordimiento; después de todo, *somos* ciudadanos del mundo, pero la tristeza mundana está muy lejos del auténtico arrepentimiento. "¿Por qué hice esto? ¿Por qué no aprendí? ¿Por qué soy así? ¿Por qué no puedo cambiar?". El remordimiento es una emoción inútil; no produce nada. El remordimiento se centra en lo que nunca se puede cambiar. El arrepentimiento se centra en lo que *tiene que* cambiar.

Además, fíjese en que el pasaje nos dice que el resultado de la tristeza mundana es la muerte. Cuando la Biblia usa *muerte* en este sentido, no se refiere a la muerte física. Todos vamos a morir, de modo que eso sería una afirmación sin sentido. En este pasaje, muerte significa muerte *eterna*, como en Romanos 6:23: "La paga del pecado es muerte".

Por favor, tenga esto en cuenta. Toda una vida de arrepentimiento mundano y superficial conduce a la muerte espiritual, a la separación de Dios, al infierno. La triste realidad de nuestros días es que en las iglesias hay muchas personas que nunca se han arrepentido sinceramente de sus pecados. Por eso no cambian. ¿Podría ser cierto de usted? Quizás estaba paseando por el centro comercial, o viendo la televisión, o sentado en la clase de escuela dominical, y alguien le habló de Jesús. No lo entendió del todo bien, pero escuchó el evangelio de la gran oferta: "Jesús le ama y quiere ayudarle. Mejorará su vida. ¿No quiere tener una vida mejor? ¿No quiere a Jesús?". Y usted aprovechó la ocasión, la asimiló y ahora cree que tiene vida eterna, pero no es así. No está *vivo espiritualmente* porque nunca se ha arrepentido sinceramente de su pecado, nunca lo ha lamentado delante de Dios. La verdadera salvación exige que nos arrepintamos sinceramente de nuestro pecado, admitiendo que estamos andando por nuestra cuenta, y luego aceptemos a Jesús como nuestro Salvador, y dejemos que Dios conduzca nuestras vidas.

La cruz de Jesucristo es algo *radical*. Y para volver a tener comunión con Él, Dios tuvo que hacer algo radical. Envió a su único Hijo a *sufrir, morir* y pagar el castigo por el pecado de usted y el mío. Ahora bien, si cree que puede obtener los beneficios de la cruz sin enfrentarse a ese pecado que la hizo necesaria, se engaña a sí mismo y confía en un evangelio falso. Toda transformación empieza en este punto: el arrepentimiento que es el primer paso de la salvación, y también de la transformación. Pero no es fácil. Si lo fuera, ¡todo el mundo lo haría!

EL ARREPENTIMIENTO CUANDO ES IMPOSIBLE HACER RESTITUCIÓN

Es más difícil arrepentirse de algunos pecados que de otros. Sé que nadie entra en mi oficina y me dice: "Oh, pastor James, ¡estoy tan atribulado! Me siento muy mal. No logro hacer las paces con Dios. Cuando hice la declaración del impuesto sobre la renta, estafé 500 dólares, y no sé cómo arrepentirme de verdad sobre ese pecado. No siento el perdón de Dios". Esta sesión de consejería tiene una solución muy fácil. "¡Saque el talonario y rellene un cheque! Si realmente lamenta lo que hizo, ¡devuelva el dinero!".

Para este tipo de pecados, sabemos que nuestro arrepentimiento es genuino porque hacemos restitución, pero hay dos tipos de pecado de los que cuesta mucho arrepentirse, porque no se pueden arreglar. Satanás procura nuestro fracaso en esas áreas, porque sabe que si logra que tropecemos en ese punto, nos será más difícil arrepentirnos.

Hay dos categorías de pecados que dificultan el arrepentimiento, porque en ambos casos no podemos hacer mucho por restituir. *Primero, tenemos las oportunidades desaprovechadas.* ¿Cómo se restituye una oportunidad desperdiciada? Voy a darle algunos ejemplos. Las siguientes historias son inventadas. Cualquier parecido con personas reales, vivas o muertas, es pura coincidencia.

- Carmen abortó. Era joven e impulsiva. Estaba subiendo la escala corporativa. Sabía que estaba mal, pero aun así lo hizo. Ahora tiene dos cosas entre manos: el deseo de hacer las paces con Dios y la libertad resultante de su decisión de abortar. ¿Cómo se arrepiente uno de una decisión y al mismo tiempo seguir experimentando lo que considera los beneficios de tal elección? No resulta fácil.

- Joel se divorció de una forma no bíblica. Era obstinado, egoísta y rebelde. Sabía que estaba mal, pero se divorció. Ahora su ex mujer se ha vuelto a casar. Él no puede demostrar su sinceridad haciendo las paces con ella. Quiere estar bien con Dios, pero por dentro se esfuerza por saber si realmente se arrepiente de la decisión que tomó. En ocasiones desearía poder regresar junto a su mujer pero, en otras, le alivia que ella se haya casado de nuevo. Una oportunidad desaprovechada. Ahora no puede volver atrás, no puede arreglar las cosas. Es demasiado tarde. ¿Cómo va a arrepentirse? No es imposible, pero tampoco fácil. Esto es una advertencia.

- Esteban y Graciela eran una familia donde ambos trabajaban. Tenían tres hijos y mucho dinero; siempre estaban ocupados. Sus hijos tenían de todo, menos a sus padres. No había necesidad de que ambos trabajasen; sabían que no era más que codicia. Hoy día sus hijos son mayores, y las semillas de la desatención han dado su fruto. Sus hijos no quieren saber nada de ellos, ni tampoco del Señor. ¿Cómo se arrepiente uno de eso? Tienen la casita junto al lago, los autos adicionales que deseaban; han ido de vacaciones, han viajado a lugares hermosos. Tienen las cuentas bancarias. Fueron en busca de algo, lo consiguieron y ahora tienen también los resultados de esos actos equivocados. ¿Cómo se arrepienten de eso? Una oportunidad desperdiciada.

Segundo, están los placeres consumados. Una borrachera, una sesión de pornografía privada; un episodio reiterado de gula, una compulsión poderosa; una cita homosexual, una búsqueda obstinada, una elección deliberada. Todas estas cosas representan un placer consumado. ¿Cómo se puede hacer restitución por ellas? Obtuvo lo que quería. El problema es que usted quería el placer pecaminoso *y* la relación con Dios. Ahí es donde radica el problema, porque no puede tener ambas cosas.

Usted se esfuerza por convencerse de que era sincero cuando le dijo a Dios que lo sentía, porque tiene "el dinero en el banco", el resultado del placer consumado, fuera el que fuese. No es fácil llegar al punto en que se sienta realmente arrepentido de algo por lo que no puede hacer restitución.

"CREO QUE LO SIENTO".

Tenga cuidado, no vaya a jugar a esto. Ya sabe: "Lo siento. Bueno, creo que lo siento. A lo mejor solo siento esto de sentirme culpable. Volveré a hacerlo, como siempre. Incluso mientras siento la tentación, me digo: 'Oh, mañana lo arreglaré con Dios'". Es un juego, y genera la pobreza espiritual que tantos de nosotros experimentamos tan a menudo.

Muchos cristianos intentan jugar con Dios a un juego pecado-confesión que Él no aceptará. Dios no juega. Si usted se arrepiente de verdad, todas las bendiciones de la gracia de Dios son suyas. Si no se arrepiente sinceramente, puede fingir estar bien con Dios, pero su esclavitud a determinados pecados revela que el poder transformador de Dios no se ha liberado en su vida.

CUANDO EL ARREPENTIMIENTO ES IMPOSIBLE

Aquí tiene una advertencia necesaria: *A veces el arrepentimiento es imposible.* Usted me dirá: "¿Es eso cierto? ¿Podemos llegar a un punto en que no haya vuelta atrás? ¿Podemos resistirnos, rebelarnos y pecar contra la luz de la verdad hasta el punto en que sea demasiado tarde para cambiar?". ¡Sí! El Salmo 103:9 dice que "Dios no contenderá para siempre [con nosotros]". Llega un momento en que Dios deja de intentar cambiar a una persona, y también de convencerla de pecado. Muchas personas llegan a un punto en que Dios ha procurado transmitirles una información y dicen: "Aún no. A mí no. Ahora no. Ya escucharé qué dices sobre esto otro día". Y las Escrituras advierten: "Si ustedes oyen hoy su voz, no endurezcan el corazón" (Sal. 95:7-8, NVI). No piense que siempre habrá otra oportunidad.

Quizá piense: "¡De ninguna manera! *Siempre* puedo volverme a Dios. Dios es amor. Dios perdona. Siempre me recibirá. Puedo resistirme y rebelarme. Puedo ser un cónyuge deplorable o un empleado perezoso, o el miembro murmurador de una iglesia todo el tiempo que quiera. Y cuando quiera despertarme y ponerme manos a la obra, puedo hacerlo…". ¡Craso error!

Si necesita una prueba de esta verdad, piense en dos pasajes del libro de Hebreos. El primero es Hebreos 6:4-8. Los pastores no suelen predicar sobre el capítulo 6 de Hebreos porque tienen miedo de que enseñe que una persona puede perder su salvación. Sin embargo, Juan 10:28-20, Filipenses 1:6 y muchos otros pasajes enseñan claramente que un creyente genuino no puede perder su salvación. Hebreos 6:4-8 no enseña que podamos perder la salvación; lo que enseña es que no podemos resistir a Dios todo el tiempo que queramos y luego sintonizar con Él cuando nos apetezca. "Porque *es imposible* que los que una vez fueron iluminados y gustaron del don celestial, y fueron hechos partícipes del Espíritu Santo…" (He. 6:4). El escritor hace una lista de las características de alguien que responde a Dios. Luego llega a la conclusión de que es imposible que quienes "recayeron, sean otra vez renovados para arrepentimiento, crucificando de nuevo para sí mismos al Hijo de Dios y exponiéndole a vituperio" (v. 6). Imposible arrepentirse. ¡Imposible!

De modo que no cabe ninguna duda de que llega un momento en que es imposible arrepentirse, pero la pregunta sigue siendo: "¿Cuándo llega ese momento?". Hebreos 12:14-17 nos ofrece una magnífica ilustración de cuándo es imposible arrepentirse. El contexto de Hebreos 12:14-17 es el cambio. El versículo 6 dice: " Porque el Señor al que ama, disciplina, y azota a todo el que recibe por hijo". El propósito de la disciplina de Dios es cambiarnos, hacernos más santos (ver el v. 10), ofrecernos el "fruto apacible de justicia" (v. 11). Sin embargo, en el versículo 15 empieza una advertencia: "[Miren] bien, no sea que alguno deje de alcanzar la gracia de Dios; que brotando alguna raíz de amargura, [les] estorbe, y por ella muchos sean contaminados; no sea que haya algún fornicario [y en este caso no tiene un sentido sexual; a lo largo de toda la Biblia el pecado sexual es una imagen de infidelidad a Dios], o profano, como Esaú, que por una sola comida vendió su primogenitura".

¿Conoce la historia de Esaú? Hagamos un resumen rápido. Abraham tuvo un hijo, Isaac, que tenía dos hijos, Jacob y Esaú. En la época del Antiguo Testamento, el primogénito recibía un privilegio especial; se llamaba "derecho de primogenitura". Una parte de este era un favor especial que el padre confería a ese hijo, llamado la *bendición*. El derecho de primogenitura ofrecía un tremendo favoritismo económico, traducido por ejemplo en ganados y tierras.

Jacob se mostraba inusualmente amargado por el estatus de Esaú como primogénito, porque eran gemelos, y se perdió ese derecho por tan solo diez u once segundos. De alguna manera, Jacob se convirtió en el favorito de su madre, y juntos, Jacob y Rebeca planearon robar a Esaú su derecho de primogenitura, recurriendo al engaño y al juego sucio. Recuerde que Hebreos 12:16 nos señala que Esaú era un hombre "profano", lo cual significa que no tenía buen concepto de las cosas de Dios. Un profano es quien dice: "¿Dios? ¿A quién le importa?". La madre y el hijo engañaron a Esaú apelando a su hambre.

¿Ha sentido alguna vez un ataque de hambre de esos que nos inducen a arrancar la puerta del refrigerador de un tirón, de esos que nos impulsan a arrollar a cualquiera que se interponga en nuestro camino? Pues un día Esaú volvió a casa de una cacería sintiendo un apetito así de grande. Y usted dirá: "Por mucha hambre que tuviera, yo nunca renunciaría a mi derecho de primogenitura"; pero recuerde que él era un hombre profano. Las cosas de Dios y sus bendiciones le traían sin cuidado. Por tanto llegó y dijo: "¡Vaya! ¿Qué es eso que huelo? ¿Qué estás cocinando? ¡Dame un plato!". Cuando Jacob se negó, Esaú se puso frenético. El diálogo vino a ser algo así:

—Pero, ¿de qué hablas? —dijo Esaú—. ¡Dame de esa comida o te mato!

—No, no —respondió Jacob—. No tan rápido. Véndeme tu derecho de primogenitura.

—¡Primogenitura, primogenitura! —dijo Esaú—. ¡Quita de en medio y dame de comer!". (Ver Gn. 25:30-34 para leer la conversación auténtica).

La crisis de la vida reveló algo que llevaba sucediendo bastante tiempo. Esaú se había ido apartando de Dios y endureciendo su corazón durante mucho tiempo. Aquí llega demasiado lejos.

Fíjese que en Hebreos 12:17 dice: "Porque ya sabéis que aun después, deseando heredar la bendición, fue desechado, y no hubo oportunidad para el arrepentimiento, aunque la procuró con lágrimas". "Desechado" procede del término griego *adokimos*. En Romanos 1:28 se traduce como *reprobado*. En 1 Corintios 9:27 se traduce como *eliminado*. Es un término muy grave, y en cada caso en que se emplea describe un estado en el que Dios deja de obrar para la transformación de una persona: "Fue desechado, y *no hubo oportunidad para el arrepentimiento, aunque la procuró con lágrimas*".

La Nueva Versión Internacional opaca un poco el significado al introducir en el versículo 17 la palabra "bendición". No fue la bendición lo que Esaú buscó con lágrimas; fue la oportunidad para arrepentirse. Esta es la idea central del pasaje. La Biblia de las Américas respalda esta idea. Esaú intentó con todas sus fuerzas arrepentirse. De hecho, incluso lloró; no soltó un par de lagrimitas, sino el tipo de lágrimas que nacen de una angustia prolongada. Es ese tipo de lágrimas que surge de la búsqueda diligente de una solución a su tristeza. Por mucho que lo intentase, por mucho que llorase, *Esaú no pudo arrepentirse; esperó demasiado.*

Usted comenta: "Dígame cuánto es demasiado. Si hay algún momento en que sea demasiado tarde, quiero conocer el punto exacto". ¿Sabe una cosa? La Biblia no nos dice cuándo es "demasiado tarde". Si eso le preocupa, le exhorto poderosamente a que no espere hasta cinco minutos antes de la medianoche, ¿de acuerdo? Si siente esa carga y está preocupado por si es demasiado tarde para usted, seguramente aún no lo es. Si se pregunta "Pero, ¿por qué sigue hablando de esto?", y en el fondo le da igual este tema, estoy preocupado por usted. El arrepentimiento no es fácil, y en ocasiones es imposible.

¡CÓMO ARREPENTIRSE!

Por muy difícil que sea el arrepentimiento, el cambio no puede comenzar hasta que lo completemos. El mejor modelo bíblico sobre cómo arrepentirse lo hallamos en la parábola del hijo pródigo (Lc. 15:11-32). Jesús había enseñado cómo ama Dios cuando encuentra algo perdido, sobre todo una persona. En la parábola de Jesús, el hijo pródigo representaba a cada individuo (también a usted y a mí) y el padre representaba a Dios. El menor de dos hijos había huido de su padre cayendo en muchos pecados. El padre sabía que obligarle a quedarse destruiría su relación, de modo que le dejó marchar y esperó. La Biblia nos dice que "desperdició sus bienes viviendo perdidamente" (v. 13), que es una forma eufemística de decir "vivió como un cerdo y acabó metido entre cerdos" (vea los vv. 15-16). ¿No es estupendo saber que el arrepentimiento es posible por tenebroso o desesperado que haya sido nuestro pecado, siempre que no esperemos demasiado tiempo?

Lucas 15 nos señala que en el arrepentimiento participan tres cosas: la mente, las emociones y la voluntad.

1. EL ARREPENTIMIENTO INVOLUCRA LA MENTE.

Al final, el hijo pródigo "volvió en sí" (v. 17). El arrepentimiento conlleva llegar al punto en que uno mira lo que le resultaba atractivo y dice: "¿Qué es *eso*? ¿Me gustaba *eso*? ¿Me resultaba atractivo? ¡Ahora me parece *repulsivo*!". ¡Eso es arrepentimiento! Aunque en otro tiempo algo le parecía bueno, ahora el mero hecho de acercarse a ello hace que le entren escalofríos.

Cuando hay un verdadero arrepentimiento, usted se dice: "Eso es *espantoso*. Es todo un mundo de sufrimiento. He estado allí y he hecho eso. ¡Ya no quiero hacerlo más!". Volvemos a centrarnos. Esta es la primera parte del arrepentimiento.

2. EL ARREPENTIMIENTO INVOLUCRA LAS EMOCIONES.

Cuando usted se arrepiente, le invade un sentimiento profundo de tristeza por el pecado, una gran vergüenza por haberlo cometido y por fracasar ante un Dios santo. La historia de la Iglesia está repleta de ejemplos de personas que se han sentido totalmente *deshechas* ante Dios a consecuencia de su pecado, y que nos dejaron su testimonio.

El hijo pródigo fue muy emocional cuando dijo: "ya no soy digno de ser llamado tu hijo" (v. 19). Solo cuando usted se considera un pecador culpable y admite lo que su pecado le hizo a Cristo, puede empezar a sentir como una persona arrepentida. Si no está dispuesto a lamentar lo que ha hecho, ¿cómo puede estar seguro de que, si se le presenta la oportunidad, no volverá a hacerlo? Sí, el arrepentimiento involucra nuestras mentes y también nuestras emociones.

3. EL ARREPENTIMIENTO INVOLUCRA LA VOLUNTAD.

El hijo pródigo dijo: "[yo] me *levantaré* e *iré* a mi padre, y [yo] le *diré*..." (v. 18). Fíjese que decidió algo, que ejerció su voluntad de poner una solución a su pecado. Aun cuando se completa el arrepentimiento, en la mente de una persona genuinamente arrepentida se forman planes de cómo eludir el mismo error la próxima vez, cómo va a cambiar. *Cuando la mente cambia y las emociones se centran en una pena genuina por el pecado, y la voluntad organiza un plan de acción para la restitución y la victoria, entonces tiene lugar el arrepentimiento y el cambio de vida está de camino.*

Por tanto, el arrepentimiento involucra su mente, sus emociones y su voluntad. Es evidente que el arrepentimiento exige un trabajo duro. El motivo por el que muchas personas no experimentan la purificación y el cambio duradero es que no hacen el trabajo duro del arrepentimiento. Sí, es posible que digan: "Lo siento, Señor", y luego vuelven a pecar. Pero no experimentan el cambio duradero que tanto desean.

Sí, el arrepentimiento conlleva un trabajo duro, pero disponemos de una promesa alentadora. En 2 Timoteo 2:25 leemos que Dios concede el arrepentimiento. Es un don. Creo que Dios quiere darnos a cada uno de nosotros un arrepentimiento genuino. De hecho, estoy convencido de que Dios quiere que vivamos con una actitud de arrepentimiento constante, de quebrantamiento por nuestros pecados. Desea que disfrutemos de una vida libre de excusas y de racionalizaciones, una vida transformada en todo momento por el poder de Dios. A Dios le complace obrar en ese tipo de vida.

"¿CÓMO SABRÉ SI ME HE ARREPENTIDO DE VERDAD?"

"Al corazón contrito y humillado no despreciarás tú, oh Dios" (Sal. 51:17). En el Salmo 51, David se arrepintió de su adulterio. Estaba profundamente quebrantado, genuinamente arrepentido, y Dios le perdonó por completo. El Señor le devolvió la alegría e hizo muchas cosas maravillosas en su vida, pero después del fracaso de David no podría haber pasado nada de eso si no se hubiera arrepentido. El arrepentimiento es el primer paso en todo cambio.

Puede que usted piense: "Si el arrepentimiento no es fácil, y en ocasiones es imposible, quizá creo que me arrepiento pero *sin* hacerlo de verdad. ¿Cómo sabré cuándo me he arrepentido?". Juan el Bautista dijo: "Produzcan frutos que demuestren arrepentimiento" (Lc. 3:8, NVI). Nos dice que tengamos una conducta que sea coherente con el arrepentimiento. Si las raíces del árbol están sanas, dará fruto. Si el corazón humano está en paz con Dios en arrepentimiento, la evidencia de esto será innegable para todos. Pablo dijo: "que se arrepintiesen y se convirtiesen a Dios, haciendo obras dignas de arrepentimiento" (Hch. 26:20).

Usted dice: "¿Cuáles son las obras adecuadas? ¿Cuáles son los frutos del arrepentimiento?". La Biblia enseña que cuando nos arrepentimos de verdad pasarán como mínimo cuatro cosas. Pregúntese cuántos de los siguientes "frutos del arrepentimiento" son evidentes en su vida.

1. *La ausencia de racionalización.* Cuando se haya arrepentido, otros no le oirán diciendo "Mi vida es difícil", ni tampoco "No conoces mi personalidad" o "Mis padres solían…". Cuando se arrepiente de su pecado, las excusas para este le resultan repulsivas. El hijo pródigo dijo: "He pecado contra el cielo y contra ti". Nada de "porque…" o de "pero…". Nada de "mi vida es difícil". El verdadero arrepentimiento excluye la racionalización por el pecado.

2. *Una tristeza genuina.* El verdadero arrepentimiento conlleva una tristeza auténtica, sentida, al contemplar nuestro pecado. ¿Nos hace llorar? A veces. En ocasiones sí lloramos, y en otras no. Algunas personas que leen este libro no han llorado en años; otras no han dejado de llorar en todo el capítulo. Las lágrimas no dotan de autenticidad al arrepentimiento, de modo que no se esfuerce por derramarlas si no es de ese tipo de persona; no se exceda con ellas si lo es. Examine su corazón y busque una tristeza genuina por haber ofendido a Dios.

3. *La confesión abierta de pecado.* David escondió durante todo un año su pecado de adulterio y de homicidio, pero cuando se arrepintió, lo hizo ante toda la nación. Una de las pruebas de que su arrepentimiento es auténtico será su deseo de confesar abiertamente su pecado. Las personas realmente arrepentidas pueden avergonzar a los farsantes espirituales, quienes oyen el pecado confesado y dicen: "¡Pero hombre! ¡Esconde eso! ¿De qué estás hablando?". Pero a las personas genuinamente arrepentidas les da lo mismo quién se entere. El motivo es que, cuando uno ha arreglado el asunto ante la santidad de Dios, no tiene fuerzas para defenderlo delante de otras personas pecadoras. Simplemente, no está allí, ha desaparecido. En nuestra iglesia, esta actitud abierta sobre el pecado es muy poderosa. En nuestra iglesia, situada en un suburbio de Chicago, todo tipo

de personas dice: "Estos son mis pecados, esta es mi lucha". En cierto sentido hace que la iglesia sea un lugar desagradable, pero por otro lado Dios nos transforma, y eso, por supuesto, es algo hermoso.

4. *La restitución.* Esto es algo que ya he mencionado antes, pero quiero incluir unos pensamientos finales. Cuando estoy en paz con Dios, anhelo estar en paz con otros. Voy corriendo a ver a mi cónyuge o a mi jefe. También acudo a mi compañero de trabajo. Sí, incluso es posible que acuda raudo a mis padres. Y entonces arreglo las cosas. Pago lo que debo. Les digo lo que Dios ha estado haciendo en mi corazón y pido perdón. Ahora bien, si usted dice: "Le voy a pedir perdón a Dios, pero a nadie más", entonces no se arrepiente. El arrepentimiento genuino, como el de Zaqueo, conduce a la restitución. "Voy a arreglar las cosas con aquellos a los que perjudiqué".

Hace más de cien años, Charles Spurgeon predicó una serie de mensajes sobre el arrepentimiento. Semana tras semana en su iglesia reiteró el mismo mensaje: arrepentimiento… arrepentimiento… arrepentimiento. Al cabo de varias semanas, se le acercó una señora después del culto y le preguntó: "¿Cuándo dejará de predicar sobre el arrepentimiento?". Y él respondió: "Cuando usted se arrepienta". Las preguntas, el ejercicio y la oración que vienen a continuación le ayudarán a alcanzar el lugar del verdadero arrepentimiento.

PREGUNTAS DEL MAESTRO

1. ¿Qué es el arrepentimiento?
2. ¿Cómo sabe si se ha arrepentido?

PREGUNTAS DEL PROFETA

1. ¿Recuerda algún momento de su vida cuando se arrepintió de verdad? ¿Cómo lo sabe?
2. ¿Qué quiere decir la afirmación de que el arrepentimiento es a veces imposible? ¿Le preocupa eso? ¿Por qué?

PREGUNTAS DEL PASTOR

1. ¿Por qué la enseñanza bíblica sobre el método y la importancia del arrepentimiento fomenta la esperanza relativa al cambio?
2. ¿Qué nos enseña sobre nuestro Padre celestial la respuesta del padre al arrepentimiento del hijo pródigo? (ver Lc. 15:22-24).

MANOS A LA OBRA

Fíjese en que la oración "¡Alce la vista!" está incompleta. Dedique un tiempo amplio con Dios para concluirla con sinceridad. Luego contacte con las personas afectadas por su pecado, pidiéndoles perdón y haciendo restitución siempre que le sea posible.

¡ALCE LA VISTA!

Querido Padre celestial:

Hoy me acerco a ti buscando arrepentirme de esas cosas concretas que me pides que cambie. Te ruego que me concedas el arrepentimiento genuino y que me perdones por racionalizar y culpar a otros. Admito que no tengo excusas para las áreas en las que fracaso…

5 SEGUNDO PASO: AHORA PUEDO ELEGIR

CONCEPTO CLAVE:
Nunca podré ser distinto a menos que crea de todo
corazón que el pecado ya no tiene poder sobre mi
vida, que estoy muerto al poder del pecado gracias
a mi relación con Cristo.

Mis dos hijos participaron hace poco en dos partidos de baloncesto diferentes. Tengo que decirle que fue muy emocionante. Se trataba de dos partidos de campeonato en un torneo, y yo era el entrenador jefe de ambos equipos. Históricamente, esa ha sido un área de gran tentación para mí. Con demasiada frecuencia en el pasado, mi deseo de ganar y de ayudar a ganar a los equipos de mis hijos ha sido más fuerte que el de ser un hombre piadoso, y he manifestado mi frustración, sintiéndome derrotado tanto si ganábamos como si perdíamos.

Para empeorar más las cosas, los árbitros de ese día concreto parecían haber perdido la cabeza. Un veterano de la Guerra Civil, ciego y tullido, hubiera hecho un trabajo más aceptable que aquellos dos personajes. El arbitraje fue espantoso, y me creí con todo el derecho del mundo a decírselo bien claro. Pero antes del partido me arrodillé en un lugar privado e hice lo que voy a enseñarle a hacer en este capítulo. Un poco más adelante le diré qué sucedió…

CREER QUE EL CAMBIO ES POSIBLE

¿Cree en "el poder del pensamiento positivo"? ¡Yo no! De hecho, doy gracias a Dios por quienes han desenmascarado y repudiado a los presuntos "predicadores" que fomentan las cosas positivas y las posibilidades. Aunque dudo mucho de que el pensamiento positivo tenga algún poder inherente, creo en el poder del pensamiento negativo. Creo que el pensamiento negativo es a menudo nada más que una falta de fe, y por tanto un pecado (según Ro. 14:23). Si usted no quisiera cambiar, no estaría leyendo este libro sobre el cambio; pero ahora tengo que detenerle y decirle con toda la claridad de la que soy capaz: "Nunca experimentará un cambio en su vida a menos que crea *dentro de su corazón que ese cambio es posible*".

Creer que el fracaso es inevitable es una profecía que se cumple siempre. Debemos creer que tenemos elección en todo lo que hacemos, y por la gracia de Dios podemos elegir hacer lo correcto. Si no creemos que podemos optar por cambiar en un momento determinado del tiempo, no haremos más que preguntarnos siempre por qué otros cambian mientras que nosotros estamos atascados en el páramo de la rutina año tras año.

Tómese un momento para pensar en la cosa que más necesita cambiar en su vida, aquello que le ha provocado angustia en incontables ocasiones. Esto le produce seguramente una profunda sensación de vergüenza y de remordimiento. Quizá le resulte doloroso incluso centrar su mente en el tema, y muchas veces ha optado por considerarlo un caso perdido y enterrarlo donde no se vea. Pues no lo haga: sabe de qué se trata, de modo que desentiérrelo si es necesario y sáquelo a la luz. Ahora llévelo hasta un pasaje maravilloso de las Escrituras que nos enseña que el cambio es verdaderamente posible, y nos muestra cómo elegir lo correcto.

ANTES DE ROMANOS 6

El pasaje que tengo en mente es Romanos 6. Ahora bien, no es posible abordar Romanos 6 de golpe, como no lo es empezar a leer en la página cinco una carta que ha recibido. Antes, en esta carta, Pablo ya había dicho cosas importantes. Repasemos brevemente lo que había escrito.

En Romanos 1, Pablo describió a los gentiles como pecadores. Por supuesto, Pablo era judío, y en Romanos 2 acusó también de pecadores a todos los de su raza. En Romanos 3:23 resumió el tema del pecado, declarando: "por cuanto *todos* pecaron, y están destituidos de la gloria de Dios". Todos somos iguales; todos necesitamos a Dios. Quizá por fuera seamos distintos, pero el problema interno es el mismo: somos pecadores. Y a menos que encontremos la solución de Dios, nunca cambiaremos.

Romanos 4 empezó a hablar de la solución. Pablo dijo en efecto: "¡Eh! Algunos de ustedes piensan que la fe es un plan *nuevo*, y que *antes,* el cambio era por obras. ¡Se equivocan!". Mencionó la vida de Abraham como prueba de que la transformación por fe ha sido siempre el programa de Dios. "Creyó Abraham a Dios, y le fue contado por justicia" (4:3). En Romanos 5 nos enteramos de que Dios aceptó la fe de los creyentes del Antiguo Testamento, sabiendo lo que al final haría Cristo a favor de ellos. Luego, en Romanos 5:20, Pablo escribió algo bastante asombroso: "Pero la ley [el sistema de reglas y normas de Dios] se introdujo para que el pecado abundase". La idea de Pablo era que las reglas y las normas sobre cómo vivir no nos ayudan a cambiar, solo consiguen que queramos pecar más. Luego añadió: "mas cuando el pecado abundó, sobreabundó la gracia". Pablo enseñaba que la gracia de Dios es mayor que todos nuestros pecados.

MUERTOS AL PECADO: ROMANOS 6:1-7

Después, el Espíritu Santo incitó a Pablo a advertirnos contra usar la gracia de Dios como una excusa para seguir pecando. Este pasaje es Romanos 6, nuestro foco. Pablo quería asegurarse de que no abusáramos de la gracia de Dios al pedir reiteradamente el perdón por una misma ofensa, al tiempo que nos negamos empecinadamente a cambiar. Por eso, escribió:

Entonces, ¿qué diremos? ¿Seguiremos pecando, para que la gracia abunde? ¡De ninguna manera! Porque los que hemos muerto al pecado, ¿cómo podemos seguir viviendo en él? ¿No saben ustedes que todos los que fuimos bautizados en Cristo Jesús, fuimos bautizados en su muerte? Porque por el bautismo fuimos sepultados con él en su muerte, para que así como Cristo resucitó de los muertos por la gloria del Padre, así también nosotros vivamos una vida nueva. Porque si nos hemos unido a Cristo en su muerte, así también nos uniremos a él en su resurrección. Sabemos que nuestro antiguo yo fue crucificado juntamente con él, para que el cuerpo del ~~pecado sea destruido, a fin de que no~~ o sirvamos más al pecado. Porque el ~~que ha muerto, ha sido liberado del~~ pecado. (vv. 1-7, RVC)

H~~~~ le cómo Pablo usa la repetición a lo la~~~~ñar una verdad poderosa: "¿No saben ~~~~emos que Cristo", "¿no saben usted~~~~amente). Está claro que quiere que sepamos algo, y es lo siguiente: en Cristo estoy *muerto* al pecado. Veamos de nuevo la repetición: "hemos muerto al pecado" (v. 2); "Por el bautismo fuimos sepultados con él en su muerte" (vv. 3-4); "nos hemos unido a Cristo en su muerte" (v. 5); "Sabemos que nuestro antiguo yo fue crucificado" (v. 6); "Porque el que ha muerto…" (v. 7).

Hay que estar muy despistado para no captar el tema de estos versículos. Pablo quería que supiésemos que en Cristo ya hemos muerto al pecado. No dijo que somos más inmunes que antes al pecado. No dijo que nos hemos distanciado del pecado, que de repente nos mostramos un tanto fríos con él. ¡Dijo que hemos muerto al pecado!

Sé lo que está pensando: "Si estoy muerto al pecado, ¿por qué me siento tan vivo?". Para describir nuestra experiencia con el pecado, el *último* término que elegiríamos sería *muertos*. *Perdonados* quizá, *limpios*, incluso *transformados*. Pero ¿*muertos*?

Hay gran cantidad de confusión sobre lo que significa de verdad "muertos al pecado". Sin duda es Satanás quien genera esta confusión, porque sabe que si realmente asimilásemos la verdad de que en Cristo hemos muerto al pecado, la "tasa de desempleo demoníaca" se pondría por las nubes. Es bastante difícil tentar a un muerto.

QUÉ NO SIGNIFICA "MUERTOS AL PECADO"

Antes de pasar a lo que *sí* significa, creo que deberíamos parar un momento y eliminar tres conceptos equivocados sobre lo que significa "muertos al pecado".

Primero, morir al pecado no significa alcanzar una perfección absoluta. Algunas personas han dicho que esta idea de estar muertos al pecado enseña la perfección sin pecado, la idea de que los creyentes realmente comprometidos alcanzan un punto en que dejan de pecar por completo. En realidad, no estoy seguro de quién enseña esto, porque cada vez que expongo este pasaje en público pido a quienes hayan alcanzado la perfección sin pecado que se pongan de pie, y nunca lo ha hecho nadie. Si alguien lo hace, le citaré 1 Juan 1:8: "Si decimos que no tenemos pecado, nos engañamos a nosotros mismos, y la verdad no está en nosotros". "Muertos al pecado" no sugiere que la perfección sin pecado sea posible.

Segundo, morir al pecado no quiere decir que nuestra vieja naturaleza haya desaparecido. La vieja naturaleza es nuestra inclinación a pecar, esa parte de nosotros que quiere pecar y que se opone a la parte de nuestro ser que quiere hacer lo bueno. Quienes creen esto enseñan que en Cristo se ha erradicado por completo nuestra inclinación al pecado. Una vez más, el problema de este paradigma es que contradice las Escrituras. Santiago 1:14 enseña que cada uno de nosotros es tentado cuando "de su propia concupiscencia es atraído y seducido". La trágica realidad es que incluso estando en Cristo, en mí hay algo que quiere hacer lo malo. Esta es la idea central de Romanos 7: "sigo haciendo las cosas que no quiero hacer" (vea especialmente el v. 15). Además, Gálatas 5:17 dice: "Porque el deseo de la carne se opone al Espíritu, y el del Espíritu se opone a la carne; y éstos se oponen entre sí para que ustedes no hagan lo que quisieran hacer". Ojalá fuera cierto, pero lo siento: "muertos al pecado" no quiere decir, ni mucho menos, que la vieja naturaleza haya sido abolida.

Tercero, no quiere decir "bla, bla, bla". No es hablar por hablar. Algunas personas diluyen por completo la expresión "morir al pecado". "Bueno, pues 'morir al pecado' significa que nos identificamos con Cristo, y cuando Él murió, nosotros también". ¡Por favor, qué *inútil* es esto! Cada vez que leo una frase como esta en un libro o un comentario cristianos, grito: "¿Muertos a *qué*? Está claro que algo murió cuando vine a Cristo, y tengo que saber qué fue". Me molesta cuando la gente intenta poner una cortina de humo ante el hecho de que no entienden algo, tapando su ignorancia con mucho "bla, bla, bla" cristiano.

QUÉ SIGNIFICA MORIR AL PECADO

Bueno, pues si no quiere decir perfección sin pecado, el final de nuestra vieja naturaleza o una identificación difusa con Cristo, ¿qué significa morir al pecado? Pues algo que es tan simple como profundo:

*HEMOS MUERTO AL **PODER** DEL PECADO.*

El apóstol Pablo habla del *poder* del pecado. El *castigo* del pecado es lo que nos envía al infierno si no nos hemos arrepentido de nuestro pecado y, por fe, aceptado a Cristo como Salvador. La mayoría de cristianos entiende que no está bajo el castigo del pecado. Lo que a menudo no recordamos es que también se ha sido eliminado el *poder* del pecado. Antes de estar en Cristo, el pecado era el amo, y nosotros los esclavos. No teníamos más remedio que pecar, porque estábamos bajo el poder del pecado. Pero en Cristo todo eso cambia; en Cristo hemos muerto al poder del pecado.

Imagine un cruce de caminos. Se enfrenta a una tentación atractiva que seguramente le ha derrotado muchas veces, o a una interacción brutal con una persona desagradable, ante quien suele caer. ¿Cree que esa persona o esa tentación tienen poder sobre usted? ¿Cree que volverá a fracasar porque es lo que ha pasado siempre? ¿O empezará a aceptar por fe que gracias a su unión con Cristo, más concretamente con la muerte de Cristo, el pecado ya no tiene poder sobre su vida y puede optar por la victoria en vez de por el fracaso y la derrota?

En el pasado, cuando me encontraba en una encrucijada, y tenía que tomar una decisión sobre el cambio, había una parte de mí (basada en mi propia trayectoria de los últimos 38 años) que siempre decía: "Voy a fracasar otra vez, lo veo venir". En lo profundo de mí había algo que creía con firmeza: "No puedo actuar de otro modo. No cambiaré. Siempre seré igual. Oh, puede que cambie un tiempo, pasaré por una fase breve. Pero siempre recaeré en esas inclinaciones pecaminosas de mi ser".

Si ha estado escuchando este tipo de cosas, creyendo que nunca cambiará y que hay una serie de pecados resistentes que siempre tendrán poder sobre usted, le digo lo que las Escrituras afirman: *¡eso es mentira!*

La promesa increíble y transformadora de Romanos 6 dice que el pecado ya no tiene poder sobre su vida. Ahora tiene elección. Antes de estar en Cristo no la tenía, era un esclavo del pecado. *En Cristo, podemos elegir ser esclavos, pero no tenemos por qué serlo.* Podemos optar por hacer lo que complace al Señor. Dígalo en voz alta por fe: "¡El pecado no tiene poder sobre mí! En Cristo, he muerto al poder del pecado".

MUERTOS AL PECADO: UNA PARTE DE LA OBRA TRANSFORMADORA DE DIOS

Morir al pecado es fundamental para la obra transformadora de Dios en nosotros. En Romanos 6, Pablo explicó por qué es tan esencial.

1. *LA GRACIA DE DIOS LO EXIGE.*

Cuando entendemos bien la gracia de Dios, empezamos a escuchar que nos pide, incluso nos exige, que cambiemos.

Entender plenamente la gracia de Dios es difícil, porque no existe ningún paralelo, ninguna comparación que se le acerque. Quienes seguimos a Cristo llegamos al límite del inmerecimiento, y Dios llega al límite de la benevolencia amorosa. En la vida de todo creyente hay momentos en los que atisba, aunque solo sea un instante, lo desesperadamente perdido que se encuentra. Durante esos segundos, la abundante misericordia y la gracia asombrosa de nuestro Dios amante alborean brevemente en nuestras mentes olvidadizas. Justo en ese momento entendemos en lo profundo de nuestro ser que no podemos abusar ni ignorar la gracia de Dios. Esta gracia debería alimentar nuestra pasión de ser como Él.

En el versículo 1, Pablo preguntaba: "¿seguiremos pecando para que la gracia abunde?". Sabemos que una persona puede empezar a decirse: "Si Dios manifiesta gracia y yo peco, y si cuanto más peco más gracia demuestra Dios… y si la gracia de Dios es ilimitada y mi deseo de pecar también lo es… ¡Oye, oye! ¡Podríamos formar un buen equipo! Yo seguiré pecando y Dios manifestando su gracia y su perdón. ¡Vaya! Los dos haremos lo que se nos da mejor. ¡Qué colaboración más estupenda!".

Usted me dirá: "Nadie piensa eso". Grigori Rasputín sí. Era el consejero religioso del zar ruso Nicolás II, a principios del siglo XX. Rasputín enseñaba que, cuanto más pecamos, más gracia manifiesta Dios, así que vayamos a por todas… cosa que él hizo. Fue un consejero muy inmoral. Muchos historiadores creen que tuvo una aventura amorosa con la esposa de Nicolás II. Lo curioso es que al pueblo ruso empezó a molestarle Rasputín. La historia registra que lo agarraron, lo asesinaron y tiraron su cadáver al río. Al cabo de treinta días se produjo una revuelta en Rusia que derrocó al zar y puso los cimientos para el crecimiento del comunismo. La idea de pecar para que Dios pueda manifestar su gracia es totalmente satánica.

Los Rasputines modernos están por todas partes. En realidad, esta filosofía goza de un gran auge aquí en Estados Unidos; es la idea de que Dios es tan amoroso, increíblemente misericordioso y maravillosamente perdonador que podemos hacer lo que nos apetezca, que Dios mirará hacia otro lado. El Dios todo amor, todo perdón, que nunca se enfurece ni exige nada, propio del movimiento evangélico moderno, cada vez goza de mayor popularidad. Los libros cristianos que son éxitos de ventas hablan del Dios psicológico que solo quiere perdonar y sustentar a sus hijos rebeldes. Algunas de las canciones más populares entre los cristianos, y algunas de las mayores iglesias, predican sobre el "Padre celestial que nunca disciplina, y su Hijo, que jamás reprende"; muy lejos del Jesús bíblico que dijo: "Yo reprendo y castigo a todos los que amo; sé, pues, celoso, y arrepiéntete" (Ap. 3:19).

Mi hipótesis es que la mayoría de las personas que leen este libro han oído este tipo de enseñanza falsa tan a menudo que apenas reconocen lo que es. No podemos erradicar de nuestro mundo la enseñanza falsa, pero sí podemos expulsarla de nuestras mentes. Permítame formularle algunas preguntas para ayudarle a decidir si ha estado usando la gracia de Dios como excusa para pecar.

1. ¿Tiene algunas áreas en las que desobedece y se queda tan tranquilo? ¿Hay alguna faceta de su vida en la que desobedece y dice cosas como: "Ah, pues bueno. Algún día. Dudo que esa parte de mí cambie. Siempre hago las cosas igual"?
2. ¿Enfatiza el amor de Dios por encima de su justicia para descargarse de responsabilidad? ¿Ha fomentado el deseo de escuchar la verdad sobre el amor de Dios más que sobre otras verdades bíblicas, porque esto le hace sentirse menos responsable de ser santo?
3. ¿Abusa del perdón prometido de Dios al elegir pecar, mientras dice: "¡Ah, bueno! Dios me perdonará"?

Si creemos que Jesús sufrió y murió para darnos una excusa para pecar, ¡estamos perdidos! Si pensamos que Jesús soportó el maltrato, el ridículo, las burlas de aquella cruz, y sufrió y murió para pagar por el pecado, de modo que podamos seguir pecando, necesitamos desesperadamente un cambio de perspectiva. ¿Alguna vez ha cambiado de punto de vista?

Una vez oí hablar de una dulce señora que estaba sentada cerca de la puerta de embarque en un gran aeropuerto. Como disponía de algo de tiempo antes de que despegara su avión, había comprado un periódico y una bolsita de galletas. Sin embargo, cuando se puso a leer en su asiento, oyó que alguien rasgaba un papel. Cuando bajó la vista, vio que el hombre sentado a su lado había abierto su bolsa de galletas y estaba sacando una. Como no le gustaban las discusiones, levantó el diario mientras pensaba: "¡Cómo se *atreve* a comerse una de mis...!". Así que bajó el diario y tomó una galleta.

Mientras se comía la galleta y leía el periódico, intentaba concentrarse y olvidar su ira hacia el ladrón de galletas. Justo cuando empezaba a calmarse, le oyó volver a tocar la bolsa, y echó una mirada desde detrás del periódico, viéndole con las manos en la masa. Pensó: "¿*Adónde* iremos a parar? ¡La gente *no* respeta la propiedad ajena!". Entonces, frustrada, tomó otra galleta. Y así fueron sucediéndose, hasta que solo quedó una galleta. Incapaz de reunir valor para enfrentarse al hombre, se quedó sentada, furibunda, preguntándose qué haría ahora ese hombre.

No tuvo que preguntárselo mucho rato, ¡porque lo siguiente que oyó fue cómo alguien partía la galleta por la mitad! Furiosa, apartó el diario para ver cómo aquel cleptómano se alejaba dejando sobre la bolsa la mitad de la galleta. Totalmente frustrada, agarró el trozo de galleta, se la metió en la boca, y justo entonces escuchó el altavoz: "Última llamada para el vuelo 507". Por supuesto, se levantó de un salto, recogió sus cosas y corrió hacia la puerta de embarque.

Tras presentar su tarjeta de embarque, se sentó agotada pero aliviada por haber dejado a sus espaldas aquel incidente tan desagradable. Cuando abrió el bolso para guardar el resguardo de la tarjeta de embarque, se quedó helada y palideció: ante su vista estaba *su* bolsa de galletas, cerrada e intacta. Mientras el avión despegaba pensó en lo poco amable que había sido con ese desconocido tan "generoso", y se maravilló por lo rápidamente que había cambiado su punto de vista.

Como aquella señora equivocada del aeropuerto, muchos de noso-tros necesitamos un cambio de punto de vista. Sea sincero consigo mismo. ¿Ha permitido que la gracia maravillosa de Dios en su vida se convierta en una excusa para seguir pecando? ¿En algún sentido la paciencia de Dios, su misericordia y su gracia se han convertido en una "libertad" para no cambiar? Seamos sinceros juntos. ¿No es cierto que muchas veces hemos permitido que la naturaleza misericordiosa y perdonadora de Dios sea una excusa para luchar con los mismos pecados de siempre, en lugar de ansiar con todo nuestro corazón un cambio de vida?

Pablo eligió los términos más contundentes que pudo sobre el uso de la gracia de Dios como excusa para seguir pecando: "¡De ninguna manera!" (Ro. 6:2, RVC). El término griego es *megenoito*, la expresión de rechazo más fuerte de todo el Nuevo Testamento. Creo que la mejor traducción es "¡NO!".

Aceptemos esta gran verdad: Cristo en usted no es un motivo para pecar, sino el poder para no hacerlo. En Cristo, *usted* está muerto al pecado. La gracia de Dios lo exige, amado o amada. La gracia de Dios requiere que usted viva la verdad de que el pecado ya no tiene poder. No en términos genéricos, en todos los cristianos del mundo, ¡sino en *usted*! Ahora tiene elección; ya no tiene por qué seguir pecando.

Veamos un segundo motivo para aferrarnos a esta verdad:

2. *LA VICTORIA DE CRISTO LO GARANTIZA.*

Veamos lo que dice Romanos 6:3-4: "¿No saben ustedes que todos los que fuimos bautizados en Cristo Jesús, fuimos bautizados en su muerte? Porque por el bautismo fuimos sepultados con él en su muerte, para que así como Cristo resucitó de los muertos por la gloria del Padre, así también nosotros vivamos una vida nueva" (RVC). Pablo enseña que, de cierta manera que no podemos entender, cuando Dios vio nues-tro arrepentimiento y nuestra fe en Cristo, algo sucedió. De alguna manera, cuando usted llegó a esa crisis y se apartó de su pecado, reci-biendo a Cristo por fe, a los ojos de Dios se identificó con la muerte de Cristo. La idea de Pablo es que si hemos sido "unido a Cristo en su muerte, así también nos uniremos a él en su resurrección" (v. 5, RVC).

En otras palabras, no se limite a reclamar el perdón de sus pecados que le ofrece Cristo en virtud de su muerte; reclame también la resurrección de Cristo como su promesa de vida, victoria y transformación personal. Dios no solo quiere perdonarnos, sino también transformarnos. Dios no quiere que nos identifiquemos solamente con la muerte de Cristo para nuestra limpieza, ¡sino también con su resurrección para nuestra *victoria*! ¡Qué verdad más maravillosa!

Admito que existe mucha confusión sobre lo que quiere decir este pasaje con la palabra "bautismo", y debemos aclararla para experimentar la verdad poderosa que subyace en él. Primero debemos admitir que el término *bautismo* no siempre significa "inmersión en agua". En el español corriente, por ejemplo, usamos la expresión "bautismo de fuego" para describir a alguien que se ve inmerso de repente en una situación muy difícil. La palabra *bautismo* significa simplemente "verse inmerso en algo", sumergido, hundido bajo la superficie, justo en el centro de una situación. Hay cuatro posturas sobre lo que quiso decir Pablo cuando habló de ser bautizados en la muerte de Cristo, de modo que aquí las tenemos, en orden de la más débil a la más sólida:

1. *El bautismo de niños.* No quiero ofender la tradición de nadie, pero estos versículos no describen el bautismo de niños. De hecho, la Biblia no habla del bautismo infantil en ninguna parte. Exceptuando el caso de Moisés, en la Biblia no hay un solo pasaje en que encontremos a los niños y el agua en un mismo capítulo. El bautismo infantil es un producto de la historia de la iglesia, y quienes lo defienden tienen que admitir que no surgió de un estudio de las Escrituras, sino del intento de responder a la difícil pregunta de qué les pasa a los niños cuando mueren. (La Biblia guarda un silencio casi absoluto sobre este tema; cp. 2 S. 12:23).

2. *El bautismo del Espíritu.* En 1 Corintios 12:13, se enseña que todos los creyentes son bautizados en el cuerpo de Cristo en el momento de la conversión. Esta es una verdad maravillosa, pero Romanos 6 no habla del bautismo del Espíritu. De hecho, el pasaje ni siquiera menciona al Espíritu Santo. Debemos recordar siempre que la Biblia va destinada a que la

entendamos. No es como si Dios estuviera allá en los cielos, burlón, diciendo: "¡Je, je, je! ¡Nunca descubrirán lo que quise decir en ese versículo!". La Biblia nos la ha dado un Dios de amor, que quiere que comprendamos lo que ha escrito.

3. *El bautismo en sentido figurado.* Algunas personas sostienen que Pablo no describía una inmersión literal en agua, sino en alguna otra cosa. Un ejemplo de esto lo podríamos hallar en 1 Corintios 10:2, que describe cómo fuimos bautizados en Moisés. La idea es que los hijos de Israel fueron sumergidos en el liderazgo mosaico. Creo que es posible, pero no me parece que Romanos 6:3 hable de esto.

4. *El bautismo literal por agua.* Una vez que se toma la decisión privada de aceptar a Cristo en su vida, uno se bautiza para "hacer público" ese paso, y dejar que otros vean en el exterior que algo en su interior ha cambiado.

Estoy de acuerdo con esta última interpretación. El motivo de que la gente no entienda este significado evidente es que hemos restado demasiado énfasis al bautismo de creyentes en la iglesia. Si analizamos objetivamente este pasaje, parece que Pablo equipara la salvación con el bautismo. Ambas cosas son decisiones separadas, pero dentro de la iglesia moderna las hemos separado demasiado.

Según el pensamiento de Pablo, la conversión y el bautismo estaban tan estrechamente relacionados que en Romanos 6, mientras pensaba en la muerte, la sepultura y la resurrección de Cristo que son imágenes del bautismo, Pablo usó la conversión y el bautismo como términos intercambiables.

Aquí tenemos un aspecto importante de la victoria de Cristo en la cruz, algo que no debemos olvidar: su resurrección nos confiere una nueva vida, representada en imagen por el bautismo. "¿No saben ustedes que todos los que fuimos bautizados en Cristo Jesús, fuimos bautizados en su muerte?" (Ro. 6:3, RVC). Por eso Pablo dijo al final del versículo 4: "así como Cristo resucitó de los muertos por la gloria del Padre, así también nosotros vivamos una *vida nueva*" (RVC).

¿Lo entiende? *¡Hemos de ser diferentes!* En Romanos 6, Pablo nos enseña que el bautismo por agua nos identifica con la muerte de Cristo para nuestra limpieza; luego enseña cómo la identificación con la resurrección de Cristo garantiza nuestra victoria.

UNA DE LAS PALABRAS FAVORITAS DE DIOS ES "NUEVO".

¿Le gustan las cosas nuevas? A mí me encantan. Me gustan los autos nuevos, las nuevas estaciones del año, los nuevos restaurantes y los niños nuevos (no en este orden). Me producen una sensación muy positiva. Me gustan los trabajos nuevos (aunque en este momento hace ya doce años que tengo un exceso de trabajo... y soy feliz). Me gusta comprarme ropa nueva y hacer nuevos amigos. Pero esta es una verdad maravillosa: a Dios le gustan las cosas nuevas. ¿Sabía eso de su Padre celestial? ¡También a Él le encantan las cosas nuevas! ¿Sabía que Dios ama las novedades? A lo largo de toda la Biblia nos habla de cosas nuevas, y además son cosas que *nos* ha dado. Esta es una lista que no debemos ignorar:

- Dios nos da un corazón nuevo (Éx. 36:26).
- Dios nos da un espíritu nuevo (Ez. 18:31).
- Dios pone un cántico nuevo en el corazón de sus hijos (Sal. 40:3).
- Nos ha dado un nombre nuevo (Ap. 2:17).
- Nos ha dado un nuevo yo (Ef. 4:24).
- Nos renueva del todo. En 2 Corintios 5:17 se resume todo esto y nos dice: "Por tanto, si alguno está en Cristo, nueva criatura es".

A Dios le encanta lo nuevo. De hecho, entre las últimas palabras que dirá Dios en la historia de la humanidad, plasmadas en Apocalipsis 21:5, figuran: "He aquí, yo hago nuevas todas las cosas".

La vida cristiana consiste en ser nuevo, distinto y transformado. Si su fe en Cristo no ha supuesto ninguna diferencia para usted, pregúntese si la ha supuesto para Dios. Si usted no cambia, si no se transforma poco a poco, si no siente cada día su victoria, ¿qué le pasa a su fe? Las personas que están en Cristo son transformadas. La vida cristiana consiste en el cambio. La expresión "vida nueva" de Romanos 6:4 traduce un término griego que no significa nuevo en el tiempo, sino nuevo en cuanto al carácter, a la cualidad. Habla de una persona distinta.

No se pierda esto: Dios quiere hacerle nuevo. Ese es su proyecto; quiere cambiarle. Y por eso dice en el pasaje que, si por medio del bautismo, nos hemos identificado con la muerte de Cristo, también deberíamos hacerlo con su resurrección, y "vivamos una vida nueva" (v. 4).

Cuando nos ponemos a estudiarla, la historia de la Iglesia no es más que una lista de las vidas que Dios ha renovado. Deje que le hable de una: la de John Newton. Al principio de su vida huyó de su hogar en Inglaterra porque era muy rebelde y odiaba a sus padres. Se unió a la tripulación de un barco esclavista, pero cuando se puso a malas con el capitán fue entregado como esclavo a la esposa africana de un tratante de esclavos blanco. Durante muchos años vivió como esclavo en África, y sobrevivió a base de comer las sobras de la comida de sus amos, y de batatas silvestres que excavaba de noche. Por fin pudo huir de su amo y volvió a abrirse camino en el negocio del embarque y el comercio de esclavos. Con el paso de los años se convirtió en capitán, y transportó a los negros capturados en África a Estados Unidos. En el barco de Newton se hacían cosas malas, depravadas, repulsivas y libidinosas, y aquellos fueron los días más oscuros de su vida.

Una noche, en 1748, John Newton transportaba un cargamento de esclavos por el norte del océano Atlántico cuando se desató una tormenta tan violenta que casi hundió su barco. En aquella hora deses-perada, John Newton clamó a Dios pidiéndole perdón, y se convirtió a Cristo. Volvió a Londres y se convirtió en un ministro del evange-lio incansable y poderoso. Aunque no era perfecto, murió al pecado, murió a los viejos caminos. Fue transformado.

Después de pasar los últimos días de su vida predicando el evan-gelio, escribió su propio epitafio, que hoy día sigue siendo testimonio del poder transformador y maravilloso de Dios. Escribió:

Aquí yace John Newton, que una vez fue un libertino infiel, siervo de esclavos en África. Por la rica misericordia de nuestro Señor y Salvador Jesucristo, fue preservado, restaurado, perdonado y elegido para predicar la fe que durante tanto tiempo luchó por destruir.

John Newton es más conocido por haber escrito el himno "Sublime gracia". En su primera estrofa, la más conocida, él testifica que la gracia "a un infeliz salvó". Una parte menos conocida del himno declara que Newton era consciente de que la conversión era solo el principio de la transformación, no el final:

> *En los peligros y aflicción*
> *que yo he tenido aquí*
> *su gracia siempre me libró*
> *y me guiará feliz.*

John Newton fue un hombre en proceso. ¿Lo es usted? La verdad que aprendemos en Romanos 6:3-5 es que el pecado ya no tiene poder sobre nosotros. Somos libres para elegir lo que hacemos; ¡en Cristo hemos muerto al pecado! ¿Por qué? Porque la gracia de Dios lo exige, y la victoria de Cristo lo garantiza.

3. MI EXPERIENCIA LO CONFIRMA.

Piense en su vida antes de entregarla a Cristo. ¿Recuerda algunos pecados a los que estaba esclavizado? Daba igual lo mucho que se esforzara antes de acudir a Cristo; siempre volvía a caer en el mismo patrón. La buena noticia es que cuando confesamos a Cristo como Salvador, Dios nos conecta con el poder de la resurrección del propio Jesucristo, y el poder del pecado sobre nuestra vida desaparece. El pecado puede llamarnos o tentarnos, o intentar atraer nuestra atención, pero ya no puede dominarnos.

Para estar seguro de que usted entienda esta verdad esencial, dedique un momento a imaginar que vive en un bloque de apartamentos. Pero imagínese que el administrador del edificio es un tirano que les exige un extra sobre el alquiler, les roba comida del refrigerador, se mete en su apartamento a horas intempestivas y formula exigencias indignantes. Usted no quiere hacer lo que le ordena, pero sabe que si quiere vivir en ese edificio, no puede hacer otra cosa. De hecho, cuando le cuestiona en lo más mínimo, amenaza con ponerle en la calle a usted y a su familia.

Luego, imagine que usted lo denuncia a las autoridades, ellos reconocen que es un criminal y lo despiden. Una cálida noche de verano, cuando usted está sentado en su apartamento disfrutando de su nueva libertad frente a la tiranía, oye que alguien da golpes en la puerta, y al cabo de unos instantes vuelve a entrar el administrador de siempre, con la misma actitud y las mismas exigencias. Por supuesto, ahora las cosas son diferentes. Antes, usted tenía que hacer lo que él exigía. Ahora, aunque puede serle difícil, le puede decir que no a esa persona. No tiene poder sobre usted, y aunque aún puede amenazarle, no puede poner en práctica sus amenazas.

¡ESE ADMINISTRADOR BRUTAL TIENE QUE IRSE!

Esta es la imagen que Pablo intenta transmitir en Romanos 6:1-7. Quería que usted y yo supiéramos que ya no tenemos que someternos a las exigencias del pecado. Esa no tiene por qué ser nuestra experiencia, y por el poder de Dios, *no* es la experiencia de aquellos que viven en el poder de su resurrección. Lo trágico es que la mayoría de cristianos siguen viviendo como si aún estuvieran sometidos al poder del pecado. ¿Y usted? Le reto en este mismo instante a aceptar la verdad que puede liberarle. ¡No tiene que pecar! ¡Puede elegir! Antes de Cristo, usted no tenía opción; ahora, sí.

Podemos creer que hemos muerto al poder del pecado porque nos lo dice nuestra propia experiencia. La mayoría de cristianos pueden recordar ese cambio dramático que tuvo lugar en su interior cuando confiaron en Cristo.

Cuando contemplo mi propia vida, admito que cuando acudí a Cristo sucedió algo. Tuvo lugar esa transformación interna, ese convertirse en una "nueva criatura". Por eso Pablo dijo en Romanos 6:6: "Sabemos que...". Pablo apelaba a una idea aceptada. Lo que estaba diciendo era: "Aunque solo sea eso, sin duda han aprendido que nuestro viejo yo fue crucificado con Él". Esa expresión, *viejo yo*, no tiene que ver con la cronología, sino que significa sencillamente *agotado, inútil, digno del vertedero*. Es la antigua manera de vivir y de pensar. Es la mentalidad egoísta, que nos induce a satisfacer nuestras necesidades. El poder del pecado desapareció cuando fue crucificado con Jesús. ¿Por qué? "Para que el cuerpo de pecado sea destruido". Con "cuerpo de pecado" Pablo hablaba de la suma total de nuestro ser (como en "cuerpo de verdad"), o de nuestros patrones de pecado concretos. El verbo "destruir" (del griego *katargeo*) significa "dejar inoperante" o "anular".

Tenga esto en cuenta, porque sabe por experiencia que en usted sigue habiendo una parte que quiere pecar; la antigua inclinación a pecar sigue presente en usted y en mí. No ha desaparecido. Está allí, pero en cierto modo desactivada. Es como una tostada; no puede prepararla si la tostadora no está enchufada, y usted no puede pecar si el viejo hombre está desactivado, pero sí que puede volver a enchufarlo.

Cuando Pablo añadió que hemos sido "liberados del pecado", quiso transmitirnos que el poder del pecado ha sido desactivado en nosotros. Todos los que recibimos a Cristo personalmente hemos visto cómo se desactivaba nuestra inclinación al pecado. Ya no tiene el control; usted no tiene por qué hacer lo que le mande.

Si sigue luchando con un pecado concreto, es porque elige conservarlo. Si se ve atrapado en un patrón de pecado-confesión-pecado-confesión, es porque no ha conocido las verdades de estas páginas o no ha actuado basándose en ellas.

UNA HISTORIA TRÁGICA

Tener los medios para escapar y no hacerlo es una historia trágica. En su libro histórico *The Three Edwards* [Los tres Edwards], Thomas Costaine describió una tragedia así. Durante el siglo XIV un duque llamado Ranald vivía en la región que hoy día es Bélgica. Ranald era muy obeso. De hecho, solían conocerlo por su apodo en latín, "Crassis", que significa *gordo*. Al final Ranald llegó a ser rey, pero su hermano, Edward, estaba muy celoso. Tras una lucha violenta, Edward reunió a un grupo de partidarios y organizó una revuelta, haciéndose con el castillo y con el reino.

Ahora bien, podríamos pensar que el joven Edward mataría a su hermano mayor, como solía hacerse, pero tuvo compasión por aquel hombre tan orondo y mandó que le construyeran un calabozo, una celda muy especial. Edward apartó a Ranald del trono y construyó una habitación grande, circular, que tenía un umbral y un marco, pero no puerta. Dentro de la celda había una cama, una mesa y todos los elementos básicos que necesitara Ranald. El umbral tenía las dimensiones normales para una puerta, pero Ranald estaba demasiado gordo para pasar por ella. Edward metió a su hermano en la celda y le dijo: "Cuando seas capaz de pasar por el hueco de la puerta, podrás irte".

Cada día Edward mandaba a sus criados que llevasen a la celda grandes cantidades de empanadas y pasteles, junto con fuentes enormes de carne y otros alimentos sabrosos, y lo dejaban todo delante del pobre "Crassis". La gente solía acusar a Edward de ser un rey cruel, pero Edward ya sabía qué contestar: "Mi hermano no está prisionero. Puede marcharse cuando le apetezca".

Ranald permaneció en aquella habitación, prisionero de su propia gula, durante más de diez años. No fue liberado hasta después de la muerte en batalla de Edward. A esas alturas su salud estaba tan mermada que murió al cabo de un año, no porque no tuviera otra opción, sino porque no usó su libre albedrío para elegir lo que era mejor para su vida.

Ahora bien, si usted está en Cristo, no es esclavo de ningún pecado. En Cristo usted tiene el *poder* para ser la persona que Dios quiere que sea. No hay ningún patrón de pensamiento que le retenga. No hay ningún patrón de conducta que le esclavice necesariamente. No es esclavo de ningún pecado. El poder del pecado desapareció al identificarse usted con la muerte y la resurrección de Jesucristo, cuando usted repudió su pecado y aceptó a Cristo por fe. Las cadenas del pecado ya están rotas en su vida; es libre para hacer lo que está bien.

En el siguiente capítulo le diré cómo empezar a experimentar esta verdad, pero no podrá vivirla hasta que la crea. No puede apropiársela hasta que la acepte. Por tanto, dedique un momento a orar sobre este tema. Este capítulo acaba de una forma un poco distinta a los anteriores, porque incluye la oración "¡Alce la vista!" en primer lugar. Esta oración es una gran oportunidad para expresar su fe. Le animo a que la formule ahora mismo.

¡ALCE LA VISTA!

Quizá el poder del pecado le ha esclavizado en una o más áreas. A pesar de que es un hijo o hija de Dios, no vive en el poder de su resurrección. Tómese un momento para orar por este tema. Quizá quiera arrodillarse y decir estas palabras a Dios, en voz alta y desde lo profundo del corazón.

Amado Padre celestial:

Gracias por enviar a tu Hijo a morir en mi lugar, para que mis pecados fueran perdonados. Señor, te doy las gracias por esa purificación, pero no quiero emplear tu gracia extraordinaria como excusa para seguir pecando. Y lo he hecho. Lo siento; te ruego que me perdones, Señor. Me dices que, en cierto sentido, me ves vinculado con la muerte y la resurrección de tu Hijo, y te doy las gracias por esa verdad. La acepto como cierta tanto si lo siento como si no, y creo que el pecado ya no tiene poder en mi vida.

Gracias, Señor, porque puedo cambiar. Gracias porque con tu ayuda puedo ser distinto. Señor, ayúdame a vivir esta verdad. Cuando llegue a esa encrucijada trascendental en la que podría elegir vivir de determinada manera (como siempre lo he hecho), ayúdame a creer que con tu ayuda puedo elegir otra opción. Puedo elegir, y con tu ayuda voy a hacer lo que te agrade. Con tu ayuda, voy a optar por hacer lo correcto.

Por fe, te doy las gracias porque el pecado ya no tiene poder sobre mi vida. Me regocijo en tu victoria, y la reclamo para mí y para mi vida, a fin de que seas glorificado en mí. Te lo ruego en el nombre precioso de Jesús. Amén.

PREGUNTAS DEL MAESTRO

1. ¿Asume Pablo que todos los cristianos han sido bautizados? ¿Cuáles son las consecuencias de su respuesta? ¿En qué lugar le deja eso?
2. ¿Cómo se relaciona la victoria de Cristo con la de sus seguidores? ¿Puede demostrarlo basándose en el pasaje bíblico de Romanos 6?

PREGUNTAS DEL PROFETA

1. Si la vida en Cristo consiste en el cambio, ¿no soy salvo si no estoy cambiando?
2. ¿Ha percibido una tendencia en su propia vida a abusar de la gracia de Dios, como se demuestra en las tres áreas debatidas en la página 102? Si es así, ¿en cuál(es) de ellas?

PREGUNTAS DEL PASTOR

1. ¿Qué significa para usted que el poder del pecado haya sido destruido en su vida? ¿Cómo debería afectar esto su actitud hacia su mayor lucha o área en que sufre derrotas?
2. ¿Cómo cambiaría su actitud si realmente creyera que la victoria sobre el pecado fuera posible para usted esta semana?

MANOS A LA OBRA

Haga una lista de cosas que sabe que son ciertas, aunque no pueda demostrarlas. Luego responda a esta pregunta: ¿cómo se parece a esto la verdad de que usted está muerto al pecado?

6   HE MUERTO A ESO

CONCEPTO CLAVE:
Para que se produzca un cambio en nuestra vida,
debemos aplicar el poder de nuestra identificación
con Cristo en el punto exacto de la tentación.

Si nos negamos a cambiar personalmente, seremos los únicos que no cambien, ¡porque no hay duda de que todo lo que nos rodea se transforma! Yo nací en 1960, de modo que un artículo reciente titulado "Sobrecarga de información" me llamó la atención. Si pudiéramos reunir todo el conocimiento humano desde el principio de los tiempos hasta 1960 y formar un gran montón, calculando todo lo que la humanidad ha aprendido o descubierto desde el principio hasta ese año, la cantidad de información se duplicaría entre 1960 y 1990. ¡En solo treinta años! Luego, ese montón de información correspondiente a treinta años, ¡se habría duplicado de nuevo en 1995! ¡En cinco años!

El artículo decía que actualmente todo el conocimiento acumulado se duplica cada cinco años. Eso es una cantidad impresionante de cambios.

Es increíble ver cómo cambian las cosas. Vamos a considerar cuatro áreas:

1. *Los medios de comunicación.* Hace solo cuarenta años, existían básicamente tres emisoras de televisión y seis revistas. Hoy día la mayoría podemos elegir entre seis redes de televisión y alcanzar unas 120 emisoras. Podemos elegir entre cientos de revistas, que cubren todo tipo de intereses y especializaciones.

2. *La comunicación personal.* Hace menos de un siglo, la única manera de comunicarse con las personas que no estaban delante de nosotros era por correo postal. Resulta difícil entender cómo el teléfono cambió todo eso, y ahora ya hemos perdido el control, a base de correos electrónicos, teléfonos celulares y buscapersonas. Cuando era pequeño veía los dibujos animados

de *Los supersónicos* y me imaginaba lo estupendos que serían los teléfonos con video, pero claro, eso no iba a pasar nunca. ¡Pues está aquí! Ya está pasando.

3. *Los viajes.* Hace una generación, el ciudadano medio viajaba solo localmente o a un zona cercana, y la mayoría pensaba que visitar otro país era la experiencia de toda una vida. Mientras escribo esto, me encuentro atascado en una pista de aterrizaje en el aeropuerto de Chicago, y es de noche. (¡Otra oportunidad para trabajar sobre el cambio!). Esta semana estuve en Orlando. Hace dos, estuve en Toronto. En los últimos doce meses he visitado diversos países de todo el mundo. Y eso no es nada extraordinario; en mi iglesia hay personas que hacen vuelos internacionales cada semana. Todo este asunto de los viajes ha cambiado muy rápido.

4. *El cambio moral.* Durante los años 60, los hombres y las mujeres que compartían la misma casa y la misma cama antes de casarse eran "adúlteros" y todos los condenaban; en los años 70 (y hoy día) "viven juntos" y todo el mundo lo aprueba. Como dicen los defensores de esta postura: "¿Quién se compraría un auto sin antes probarlo?". (Es lógico, sí, pero histórica y bíblicamente incorrecto). Hubo una época en que los estadounidenses confiaron en sus presidentes; gracias al Watergate, y más recientemente a una moción de censura contra un presidente originada en la Cámara de representantes, nos preguntamos si nuestros líderes dicen la verdad. Y debemos explicar a nuestros hijos que mentir sigue estando mal. La decadencia moral de nuestro país ha sido tan exhaustiva y tan rápida que nos ha anestesiado para que no veamos lo drástica que es. La aberración sexual es algo cotidiano, y las conductas que solían estar relegadas al distrito "de las luces rojas" y a los rincones oscuros de la sociedad se pavonean hoy día en las noticias de la noche, y hay quien las defiende en el Capitolio de nuestro país. Ya nadie se sonroja.

Estas son las malas noticias que tengo que darle, aunque desearía que no fueran ciertas. A pesar del ritmo dramático y alarmante al que cambia nuestro mundo,

LA MAYORÍA DE CRISTIANOS NO CAMBIAN.

La mayoría de los seguidores de Jesucristo, nacidos de nuevo y portadores de Biblias, no cambian. Todos los estudios y todas las encuestas demuestran lo mismo. El Informe Barna (del encuestador George Barna), una especie de Encuesta Gallup para evangélicos, ha detectado muchas tendencias en nuestros cristianos contemporáneos. En su libro revelador *The Second Coming of the Church* [La segunda venida de la Iglesia], Barna hizo una encuesta y luego contrastó la actitud de los cristianos nacidos de nuevo con la de sus contrapartidas seculares o paganas. Lo sorprendente es que encontró muy pocas diferencias. Entre sus conclusiones figuran estas:

- Los cristianos nacidos de nuevo (58%) y los no cristianos (49%) sienten que tienen un éxito absoluto o muy elevado en su vida.
- Alrededor del 92% de los cristianos nacidos de nuevo y 74% de los no cristianos están de acuerdo en que "sus creencias religiosas cambian su conducta".
- Un porcentaje casi idéntico de cristianos nacidos de nuevo (69%) y de no cristianos (68%) están "satisfechos con su vida hoy día".
- Más de un tercio de cristianos nacidos de nuevo (36%) y un 47% de no cristianos siguen "intentando descubrir el sentido de la vida".
- Una inmensa mayoría de cristianos nacidos de nuevo (90%) y de no cristianos (81%) están de acuerdo en que "la familia es la responsable principal de enseñar el perdón a sus hijos".
- La mayoría de cristianos nacidos de nuevo (80%) y de no cristianos (69%) sienten que son "un modelo destacado para los jóvenes".
- Un porcentaje igual de cristianos nacidos de nuevo (27%) y de no cristianos (28%) afirma que su situación económica personal está mejorando.
- Por el contrario, un 33% de cristianos nacidos de nuevo y un 39% de no cristianos afirman que "es imposible salir adelante debido a sus deudas financieras".[1]

Barna escribió: "La mayoría de cristianos están muy expuestos a las verdades y a las exhortaciones de Dios, pero en realidad son pocos los que se hayan visto afectados por la verdad y el sentido de su fe cristiana… Aunque la mayor parte de los creyentes admite que sus bendiciones proceden de Dios, también afirman que el propósito primario de las bendiciones de Dios es hacerlos felices".[2] Solo un puñado de los creyentes encuestados comprendía de verdad el concepto de que "Dios me bendice para que yo pueda bendecir a otros". Cuando les pedían que manifestasen los principales motivos por los que vivían, por lo general los cristianos nacidos de nuevo decían que vivían para *tener salud, una carrera provechosa, un estilo de vida cómodo* y *una familia funcional.*

El cristiano medio asume, equivocadamente, que "cuando soy feliz, Dios es feliz". El cristiano medio pasa más tiempo viendo la televisión durante una tarde que leyendo la Biblia durante toda la semana. Barna informó que solamente cuatro de cada diez personas que afirmaban ser creyentes se definían como "totalmente entregados a su fe".[3]

SOLO EL PRINCIPIO…

Muchos cristianos piensan que, una vez que una persona ha hecho las paces con Dios en Cristo, su viaje espiritual ha llegado al final, a todos los efectos.

El perdón de Dios nunca fue destinado a ser *el fin* de nada. Si usted piensa que el Dios Todopoderoso envió a su Hijo para morir en una cruz solo para que usted y yo, pobres criaturas, entrásemos en el cielo, ¡se equivoca! Dios quiere manifestar el poder y la gloria de quién es Él. Quiere completar en la vida de usted el proceso de transformación que empezó en la cruz. ¿Por qué a los cristianos les cuesta tanto creer esto? En Norteamérica hay aproximadamente 350.000 iglesias, y un 85% de ellas no crece o ha visto su crecimiento reducido.[4]

¿Por qué mueren tantas iglesias? ¡Porque sus miembros también mueren! Rechazan el proyecto de Dios para sus vidas y también su poder transformador. ¡Qué diferencia con el pasado! Durante dos mil años de historia de la Iglesia, los cristianos han creído en un evangelio que no solo transforma nuestro destino, sino también nuestro carácter. Creían de todo corazón que el evangelio no solo se centra en ir al cielo, sino en asemejarse a Jesús a lo largo del camino.

Pongámonos muy serios. Hasta este momento usted puede haber leído y hecho todo lo que he escrito sin cambiar de verdad la conducta o la actitud sobre la que trabaja. Este capítulo, si lo aplica, produce un cambio real. Déjeme que se lo diga de otra manera: "No podrá poner en práctica el contenido de este capítulo y no *ser* transformado".

Se lo puedo decir directamente: como seguidor de Jesucristo, usted ha sido perdonado e introducido en una familia. Su lugar en la familia de Dios es tan seguro como la Palabra de su Padre celestial, quien no puede mentir, pero ahora usted tiene la responsabilidad de expresar su gratitud. Debe demostrar su agradecimiento por el don de la vida eterna, viviendo como Aquel que murió para redimirle. Todo lo que sea menos que eso es una ingratitud flagrante.

SIGAMOS CON EL PROCESO DE CAMBIO

Repasemos brevemente cómo hemos llegado a este punto. Hemos visto tres capítulos que hablaban de cómo *prepararnos para cambiar*:

1. Eliminar de mi forma de pensar los métodos incorrectos para el cambio
2. Comprometerme a cooperar plenamente con el deseo de Dios para cambiarme
3. Elegir concretamente qué es lo siguiente que debo cambiar en mi vida

Luego, comenzamos con el *proceso de cambio*:

1. El arrepentimiento consiste en cambiar de idea sobre un pecado o una debilidad concretos. Conlleva apartarme de toda racionalización y comprometerme, sinceramente y dentro de mi corazón, a ser distinto.
2. El poder que tiene el pecado para dirigir nuestras vidas desaparece cuando acudimos a Cristo. Ahora podemos aferrarnos a la

verdad liberadora de que, debido a nuestra identificación con la muerte de Cristo, tenemos elección. Ya no tenemos por qué pecar; podemos optar por hacer lo correcto; podemos optar por cambiar.

ESTE CAPÍTULO HABLA DE CÓMO TOMAR LA DECISIÓN DE CAMBIAR.

El tercer paso en el proceso de cambio es: "Debo considerarme muerto al pecado, momento tras momento". Cuando eso sucede, se produce un cambio. Veamos el pasaje que enseña esto, Romanos 6:7–11 (RVC):

> Porque el que ha muerto, ha sido liberado del pecado. Así que, si morimos con Cristo, creemos que también viviremos con él. Sabemos que Cristo resucitó y que no volverá a morir, pues la muerte ya no tiene poder sobre él. Porque en cuanto a su muerte, murió al pecado de una vez y para siempre; pero en cuanto a su vida, vive para Dios. Así también ustedes, considérense muertos al pecado pero vivos para Dios en Cristo Jesús, nuestro Señor.

VIVIR PARA ÉL YA

Fijémonos con qué fuerza afirmó Pablo que el perdón es solamente el principio de la vida en Cristo. *Sépalo.* El perdón no es el *final* de algo, sino el principio. En lugar de decir, tras haber venido a Cristo, "¡Vaya, todo arreglado! ¡Ya está todo hecho! Voy de camino al cielo", deberíamos decir: "Esto es solo el *principio*". Por eso Pablo dice aquí: "si morimos con Cristo [es decir, su muerte a cambio de mi perdón], creemos *que también viviremos con él*" (v. 8). En griego, el tiempo futuro se emplea para denotar certidumbre. Lo que quiero decir es que Pablo no hablaba de que *algún día* viviremos con Cristo en el cielo. Lo que decía ¡es que *debemos* estar viviendo con Él ahora!

No solo debemos vivir *para* Él ahora, sino también *por medio de Él*. Toda nuestra vida está vinculada a la suya. No podemos vivir *para* Él *sin* que Él viva su poder en nosotros. El perdón es solo el principio de nuestra vida en Cristo. La gracia de Dios nos exige que anhelemos con todo el corazón el cambio de vida que la muerte de Cristo nos procuró.

EL PODER DEL PECADO DESTRUIDO
DE UNA VEZ Y PARA SIEMPRE

Veamos una segunda idea: *El poder del pecado queda destruido de una vez y para siempre*. *Créalo*. "Sabemos que Cristo resucitó y que no volverá a morir, pues la muerte ya no tiene poder sobre él. Porque en cuanto a su muerte, murió al pecado de una vez y para siempre" (vv. 9-10). Pablo usaba *pecado* y *muerte* como sinónimos. Aquí, cuando habla del pecado, tenía en mente la muerte; cuando hablaba de la muerte, pensaba en el pecado. A lo largo de toda la Biblia, ambas cosas están conectadas. "La paga del pecado es muerte... Por tanto, como el pecado entró en el mundo por un hombre, y por el pecado la muerte, así la muerte pasó a todos los hombres, por cuanto todos pecaron" (Ro. 6:23; 5:12). Ahí está: el pecado y la muerte, causa y efecto. En Génesis 2:17, Dios dijo a Adán y a Eva que si comían del árbol: "Porque el día que de él comieres, ciertamente morirás". En Apocalipsis 20:14 leemos que al final de los tiempos, la muerte y el Hades serán arrojados al lago de fuego. En las Escrituras, el pecado y la muerte son conceptos sinónimos. Ezequiel escribió: "El alma que pecare, esa morirá" (18:20).

NO SE FÍE DE SUS SENTIMIENTOS

De manera que sepa esto: cuando Cristo salió de aquel sepulcro aquella primera mañana de Pascua, el poder del pecado quedó destruido. El pecado ya no puede tomar el control de su vida si usted está en Cristo. Ya no puede decirle qué hacer, no puede dominarle. Su poder quedó destruido.

"Pues no me da esa sensación", dirá usted. ¡No confíe en sus sentimientos! Es lo mismo que pasó cuando acudió a Cristo; al principio, quizá no *sintió* que hubiera pasado nada importante, pero creyó la Palabra de Dios y actuó en consecuencia. Al echar la vista atrás, sabe que desde aquel momento usted no ha sido la misma persona. De la misma manera, si usted, por fe, acepta la verdad de que el poder del pecado ha muerto en su vida, puede que no se sienta distinto, pero con el paso del tiempo *será distinto*.

"¿Por qué me siento tan vivo al poder del pecado?", pregunta usted. Imagine un roble muy alto plantado en el centro de un parque. Todo el parque está plantado de robles. El más alto, el más fuerte, que está en el centro, tiene un tronco alto y grueso que sube hacia el cielo. Es un roble hermoso. Pero, plantado en la base del roble, hay una enredadera fuerte y espesa. Lleva muchos años allí; de hecho, ha crecido enroscándose en el tronco del roble y ascendiendo por sus ramas. Ahora, tras muchos años, todo el árbol está *cubierto* por la enredadera.

Ahora imagine por un momento que el roble representa su vida, y que la enredadera representa el pecado. Cuando usted recibió a Cristo, es como si el Dios Todopoderoso tomara un hacha, y *cortara* la enredadera desde la raíz! Y déjeme que le diga una cosa: ¡la enredadera está muerta! Usted dice: "No *siento* que esté muerta. ¡Aún me envuelve!". Cierto. Y si empieza a cooperar con Dios y hace lo que voy a enseñarle, esa vieja enredadera puede abandonar su vida, y usted empezará a experimentar la victoria que le corresponde.

¿Se acuerda de Lázaro, en Juan 11? Jesús y Lázaro eran amigos íntimos, pero Lázaro se estaba muriendo. Jesús, que estaba ministrando en otra parte, no llegó a casa de Lázaro antes de que éste muriera. Pero cuando Jesús llegó, las dos hermanas de Lázaro, María y Marta, estaban llorando desconsoladas y muy confusas! En medio de su dolor y confusión, llega Jesús y empieza a hablarles. Vino a decir: "Tranquilícense, que voy a resucitar a Lázaro de entre los muertos". Todo el mundo se quedó atónito, y dijeron: "¡Lleva tres días muerto! Olerá mal".

Entonces Jesús anunció esta verdad poderosa: "Yo soy la resurrección y la vida; el que cree en mí, aunque esté muerto, vivirá. Y todo aquel que vive y cree en mí, no morirá eternamente. ¿Crees esto?" (vv. 25-26).

Luego Jesús se acercó al sepulcro. Se detuvo, y no me extrañaría que la tierra empezase a temblar después de que apartasen la piedra (v. 41). Entonces Jesús clamó: "¡Lázaro, ven fuera!". Y Lázaro salió caminando del sepulcro, envuelto en su sudario. Jesús dijo: "[Desátenle], y dejarle ir". Quería que aquella gente lo desatara, porque ya no estaba muerto.

Imagine qué hubiera pasado si Lázaro hubiera dicho en aquel momento: "Espera un momento. Ahora mismo no es que me sienta muy vivo. Creo que voy a volver a meterme en la tumba y descansar unos minutos. No estoy seguro de qué es lo que ha pasado, ni tampoco de cuánto va a durar. No quiero alejarme mucho del sepulcro, no sea que luego lo necesite otra vez...".

¿Le parece ridículo? Pues nosotros hacemos lo mismo. Nos quedamos cerca de nuestras viejas tumbas del pecado. Afirmamos nuestro perdón, pero rehusamos el poder transformador de Dios. Es una tragedia, y es ese tipo de pensamiento que convierte en una parodia el evangelio y la intención de Dios para nosotros. ¿Empezará usted, por fe, a actuar basándose en la verdad de que el poder del pecado ha muerto en su vida? Usted tiene a su alcance el cambio personal, aquí y ahora, pero no podrá ir más lejos a menos que empiece a usar su fe para aferrarse a esta verdad: el poder del pecado está destruido.

VIVIR PARA DIOS DÍA TRAS DÍA

Veamos una tercera idea: Vivir para Dios es algo que se hace día a día. ¡Elija hacerlo! Elija vivir para Dios. Usted puede elegir esta opción. Lea Romanos 6:10: "Porque en cuanto a su muerte, [Jesús] murió al pecado de una vez y para siempre; pero en cuanto a su vida, vive para Dios".

Esta expresión bíblica encaja en el marco de toda vida cristiana: "pero en cuanto a su vida, vive para Dios". Dios Hijo vive para el Padre, vive para agradar al Padre; vive para darle gozo y gloria. Vive para Dios. Dígalo en voz alta mientras lo lee: "Jesús vive para Dios". Sí, "Jesús vive para Dios". Y nosotros, como seguidores suyos, ¿podemos hacer menos que eso? Aquí es donde comienza nuestro vivir como Jesús: viviendo para su Padre.

EL PAPEL DE DIOS... Y EL NUESTRO

Algunos maestros bíblicos sostienen que todo el trabajo recae sobre Dios, no sobre nosotros. Según ellos, lo único que tenemos que hacer para experimentar el poder transformador del evangelio es ponernos cómodos en el sillón, con los pies encima de la mesa, y dejar que Dios lo haga todo. Pues escuche esto: ¡esa enseñanza no es bíblica! Por supuesto que necesitamos la ayuda de Dios, pero no podemos ser transformados sin tomar la decisión de cambiar nosotros mismos. Fijémonos en el mandamiento de Pablo en Romanos 6:12: "no permitan ustedes que el pecado reine en su cuerpo mortal" (RVC). ¿Qué es eso sino una elección? *¡No dejen que el pecado reine en ustedes!* Tome la decisión.

Usted dice: "El pecado ha sido quien mandaba en mi vida". Pues mire, no tiene por qué ser así. No se lo permita, tome una decisión. El poder del pecado ya está desconectado; no vuelva a enchufarlo. No permita que le dirija.

La próxima vez que se presente una tentación y le diga "¡Hazlo! ¡Adelante, hazlo!", limítese a responder: "¡Apártate de mí! ¡No eres quien manda! ¡Cállate! Deja de manipularme. ¡No me digas qué hacer! ¡Ya no soy el de antes! ¡Soy una nueva creación en Cristo!". Eso es lo que quiso decir Pablo al afirmar "no reine el pecado en vuestro cuerpo".

¡Participe! ¡Elija cambiar! Con su compromiso y con la ayuda de Dios, puede hacerlo.

¡ASÍ ES CÓMO SE ELIGE!

Quizá piense: "Pero, ¿cómo elijo? Enséñeme a elegir. Quiero aprender a hacerlo". Veamos una breve historia que me contaba mi madre, titulada "Elija cambiar en cinco días". No sé cuál es su fuente, pero me ha ayudado a salir de más de un "hoyo" en mi vida.

Día uno: Fui a dar un paseo por la calle. Me caí en un hoyo, porque no lo vi. Tardé mucho tiempo en salir. No es culpa mía.

Día dos: Volví a dar un paseo por la misma calle. Me caí en el mismo hoyo. Tardé mucho en salir. ¿Por qué me pasó eso?

Día tres: Volví a pasear por la misma calle. Volví a caerme en el hoyo, pero salí rápidamente. Es culpa mía.

Día cuatro: Me di una vuelta por la misma calle. Vi el hoyo y lo rodeé.

Día cinco: Me di un paseo por una calle distinta. Cuando voy por la otra calle pierdo el control. Cada vez que camino por ella, ¡siento que algo me atrae hacia el hoyo! ¡Ya no pienso pasar por ella! No me gusta lo que pasa en esa calle. Y cuando paso por ella, no puedo controlarme. No quiero que el pecado reine en mi cuerpo, de modo que no pienso volver a pasar por esa calle.

Vivir para Dios es algo que se hace día a día. Elija hacerlo.

¡LA MEJOR PARTE DEL LIBRO HASTA EL MOMENTO!

Ahora estamos listos para la victoria, y me emociona estar junto a usted cuando leemos Romanos 6:11, que dice: "Así también ustedes, considérense muertos al pecado pero vivos para Dios en Cristo Jesús, nuestro Señor". Fíjese en la expresión "así también". Nosotros, *así también*, debemos hacer lo que hizo Jesús. Si sabemos y creemos que en Cristo hemos muerto al pecado, también podemos vivir como si así fuera.

La expresión "considérense muertos al pecado" se ha traducido también de otras maneras en las que variaba el verbo. Pero, independiente de la traducción, *Romanos 6:11 es la piedra angular absoluta de la victoria cristiana* en todo el Nuevo Testamento. Al tomarme en serio Romanos 6:11 he sido testigo de una transformación mayor y más rápida en mi propio corazón y en mi vida que al considerar cualquier otro versículo bíblico. La palabra "considérense", *logizomai*, significa *evaluar los hechos, concentrar la mente en algo, calcular la importancia de algo*. Significa considerarme muerto al pecado. Por favor, créame cuando le digo que esto contiene un poder increíble.

Así es cómo funciona. Imagine que se siente tentado a pecar. En lo profundo de su ser libra un combate. Usted está cansado de su antiguo patrón de conducta, que le trae sufrimiento y culpabilidad, pero se siente extrañamente atraído por volver a tomar esa decisión pecaminosa. Es justo entonces cuando debe ejercer su fe y considerarse muerto al pecado. Da lo mismo si se siente muerto a la tentación o no. Da lo mismo si se siente muerto al pecado. *Si usted ejerce su fe, experimentará la victoria.*

CÓMO EJERCER SU FE

Si usted está en Cristo, sabe cómo ejercer su fe. "Por eso, de la manera que recibieron a Cristo Jesús como Señor, vivan ahora en él" (Col. 2:6). Usted ejerce su fe en Cristo de la misma manera que acudió a Él. En Romanos 10:9 leemos: "que si confesares con tu boca que Jesús es el Señor, y creyeres en tu corazón...". Así es como ejerce su fe.

CUATRO PALABRITAS QUE HAY QUE PRONUNCIAR

Tenga en cuenta que en la santificación es lo mismo que en la conversión. Si quiere ser distinto en ese momento de la tentación, ejerza su fe. Crea en su corazón que ha muerto al pecado, y confiese con su boca, ¡en voz alta! Aquí reside un gran poder. No puedo explicarlo del todo, pero de alguna manera el Dios Todopoderoso honra la fe ejercida en el momento de la tentación. Crea en su corazón y confiese con su boca estas cuatro palabras: "He muerto a eso". Si las pronuncia, si las expresa, su conducta, su forma de hablar, su actitud, sea lo que sea en lo que trabaja ahora, ¡*se transformará!*

"¿Y cómo puede ser?", pregunta usted. "Son solo cuatro palabras. ¿Qué diferencia supondrán? ¿De qué sirve decir por fe que he muerto a determinado pecado cuando me siento tan vivo respecto a él? ¿Cómo puede eso marcar una diferencia?". Déjeme que responda a esa pregunta con una historia de éxito que empezó de forma pequeña.

UN COMIENZO PEQUEÑO

A principios del siglo XIX, los residentes de la ciudad de Niagara Falls decidieron construir un puente sobre el cañón del Niágara, en las cataratas del mismo nombre. Por supuesto, debemos recordar que en aquella época la ingeniería no era lo que es hoy día. Se enfrentaban al problema de cuál sería el primer paso para cruzar aquel desfiladero tan ancho, por el fondo del cual corrían las aguas tumultuosas de los rápidos del río Niágara. Como los ingenieros no sabían qué hacer, convocaron un concurso para invitar a los habitantes locales a que presentaran sus mejores ideas. La persona que lo ganó sugirió que tomasen una cometa, y cuando los vientos fueran favorables, la hicieran volar por encima del barranco, de modo que aterrizase en la otra orilla.

Increíblemente, el majestuoso puente que vemos hoy día empezó con una cometa y un cordel. A ese cordel ataron una cuerda, y así la pasaron a la otra orilla. Usaron la cuerda para pasar una cadena, y con esta pasaron un cable. Usando los cables de acero comenzaron a edificar la estructura de cemento que se convirtió luego en el poderoso Puente del Niágara. Toda esa fuerza, esa solidez, nació de un pequeño cordel.

Quizá a usted le parezca que las palabras "He muerto a eso" son como ese pequeño cordel, y tal vez esta verdad le parezca muy endeble cuando se enfrenta a un patrón de pecaminosidad que lleva mucho tiempo reteniéndole, pero en este momento le reto a empezar a obrar por fe. Empiece diciendo esas palabras con fe en el momento de la tentación: "He muerto a eso". Haga frente a la tentación, con los ojos de la fe, y pronuncie en voz alta estas palabras. "¡He muerto a eso! No siento que haya muerto, pero en Cristo creo y elijo confesar con mi boca la verdad de que he muerto a eso". Haga pasar ese cordel, y tire de la cuerda, de la cadena y del cable, y diga: "He muerto a eso. He muerto a eso. He muerto a eso".

Usted puede levantar toda una vida de victoria y de transformación sobre esa verdad sólida como una roca, sin tener en cuenta cómo se sienta. En Cristo, el poder del pecado ha sido destruido. "He muerto a eso. Puedo elegir. No tengo por qué vivir así o hacer eso durante más tiempo".

El presidente Abraham Lincoln redactó y firmó la Proclamación de Emancipación el 1 de enero de 1863. Lincoln proclamó, de una vez por todas, que todos los hombres y mujeres de los estados confederados rebeldes debían quedar en libertad. Transformó en ley el precepto justo de que la esclavitud, en cualquiera de sus formas, era ilegal y había que erradicarla. Cuando la proclamación se convirtió en ley, cientos de miles de esclavos que vivían en los estados confederados rebeldes quedaron en libertad. En un momento increíble, todos los esclavos quedaron libres al cien por cien. Sin embargo, la historia registra que muchos de ellos siguieron viviendo como esclavos. Como la esclavitud era la única forma de vida que habían conocido, les costaba creer que las cosas pudieran ser de otra manera. Algunos esclavos dijeron: "Esto es lo único que conocemos. No sé cómo podría ser mejor la vida". Otros dijeron: "Para mí es demasiado tarde. Será más fácil quedarme con mi antiguo amo".

¡Qué tragedia! El día después de que se aboliera la esclavitud debería haber sido borrada del mapa, pero no lo fue, porque muchos esclavos no pudieron creer que ya eran libres. Al negarse a aceptar lo que les habían dado, nunca experimentaron la libertad que les correspondía por derecho.

¡ESCUCHE ESTO!

El pecado ya no tiene poder sobre su vida. Si empieza a creer esto y a ejercer su fe cuando es tentado, si empieza a confesar con su boca y a creer en su corazón las palabras poderosas "He muerto a eso", empezará a cambiar.

¿Recuerda lo que le prometí? Dije que *no puede aplicar las verdades de este capítulo sin cambiar de verdad*. Deje que se lo diga una última vez: Dios no se contenta con perdonarle. ¡Quiere cambiarle! El día en que acudió a Cristo, el poder del pecado quedó destruido en su vida. ¿No es hora de que empiece a vivir de esta manera?

Puede empezar confesando su fe cuando se enfrenta a una tentación. La oración de muestra en "¡Alce la vista!" le ayudará a hacerlo. Luego experimente la verdad poderosa de su relación victoriosa con Cristo.

PREGUNTAS DEL MAESTRO

1. Si el poder del pecado quedó destruido, ¿por qué a veces nos parece que no es así? ¿Por qué es importante que creamos esa verdad incluso cuando no la sentimos?

2. ¿Qué significa "considérense muertos al pecado"? ¿Cómo edificamos nuestra fe sobre esa verdad?

PREGUNTAS DEL PROFETA

1. ¿Cuál es el punto concreto que Dios intenta cambiar en su vida? ¿Cómo le va hasta el momento?
2. ¿Qué queremos decir cuando afirmamos que vivir para Dios es una elección día a día? ¿Es más difícil hacer esto algunos días que otros? Si es así, ¿por qué?

PREGUNTAS DEL PASTOR

1. ¿Puede compartir una historia propia o de un amigo íntimo que hable de una victoria en la aplicación de esta verdad?
2. ¿Qué debería hacer inmediatamente después de experimentar una derrota en el área que intenta cambiar con la ayuda de Dios?

MANOS A LA OBRA

Experimente con la frase "He muerto a eso". Usted sabe sobre qué cosas ha elegido actuar, porque las concretó en el capítulo 3. En el capítulo 4 se arrepintió de esas áreas de pecado y de derrota. Ahora, cuando levanten su horrenda cabeza, diga por fe: "He muerto a eso". Dígalo varias veces si es necesario, y vea cómo empieza a obrar el Señor.

¡ALCE LA VISTA!

Amado Padre celestial:

Gracias por la verdad poderosa de que he muerto al pecado debido a mi fe personal en la sangre derramada de Jesucristo, como paga suficiente para que me perdonaras. Creo que el poder del pecado ya no puede actuar en mí. Te ruego que me recuerdes esta verdad cada vez que la tentación me acose. Dame fe para creer que puedo resistirme al pecado, y decir las palabras "He muerto a eso".

Reclamo esta victoria en el nombre de Jesús. Amén.

NOTAS

1. George Barna, *The Second Coming of the Church* (Dallas: Word, 1998), 121.
2. Ibíd., 121, 123.
3. Ibíd., 123.
4. Apuntes de clase, "The Nature of the Church", Paul Borden, director del programa D. Min., Denver Seminary, julio de 1990.

7 SEÑOR, SOY TUYO

CONCEPTO CLAVE:
La victoria se alcanza cuando nos ofrecemos a Dios
momento tras momento.

Hace mucho tiempo encontré un cadáver. Yo tenía doce años, y volvía a la escuela después de haber pasado por el médico. Bajé del autobús urbano y elegí un atajo entre dos casas, que atravesaba el bosque, porque llovía mucho. Subí corriendo por el sendero embarrado que llevaba al bosque, con casas a ambos lados, pero me quedé petrificado de repente. Allí, tumbado delante de mí, había un hombre con las piernas retorcidas y el brazo derecho interponiéndose en mi camino. Supe en seguida que estaba muerto porque tenía los ojos y la boca abiertos de par en par, y su rostro estaba contraído y azulado. Yo quería salir corriendo en busca de ayuda, pero mis piernas se negaban a moverse.

¿Cómo había llegado aquel hombre allí? ¿Lo habían matado? ¿Corría yo peligro? Me pareció una hora, pero en realidad solo fue un instante. Logré silenciar miles de preguntas en mi mente, y salí en busca de ayuda. Luego resultó que el pobre había fallecido de un ataque cardíaco fulminante mientras intentaba cavar una zanja en su patio trasero para redirigir el agua que se le filtraba en el sótano.

A menudo mi labor como pastor me obliga a ir a lugares donde veo a fallecidos, pero nunca me he recuperado del todo de aquel primer encuentro repentino con la realidad de la muerte. La muerte es muy fría. Aunque las promesas del cielo son reales y consoladoras, odio la muerte. Es un enemigo espantoso y cruel.

MEJOR VIVO QUE MUERTO

Estoy agradecido porque el proceso de cambio consiste en algo más que en confesar las palabras "He muerto a eso". Tal vez al final del capítulo 6, usted se haya preguntado: ¿eso es todo lo que hay? ¿En eso consiste la vida cristiana, en estar muerto a algo?

Tengo grandes noticias para usted. Como los famosos bandidos del pasado, para Dios valemos más vivos que muertos. Dios no quiere que pasemos el resto de nuestros días centrados en nuestro pecado, limitándonos a afirmar la realidad de aquello a lo que hemos muerto. *Mucho más importante que aquello a lo que morimos gracias a la muerte de Cristo es a qué estamos vivos gracias a su resurrección.*

Esta verdad se encuentra en el pasaje bíblico en el que meditaremos a continuación. Dedique un momento a leer esta verdad usted mismo:

> ¿Entonces, qué? ¿Pecaremos porque no estamos bajo la ley sino bajo la gracia? ¡De ninguna manera! ¿Acaso no saben ustedes que, si se someten a alguien para obedecerlo como esclavos, se hacen esclavos de aquel a quien obedecen, ya sea del pecado que lleva a la muerte, o de la obediencia que lleva a la justicia? Pero gracias a Dios que, aunque ustedes eran esclavos del pecado, han obedecido de corazón al modelo de enseñanza que han recibido, y una vez liberados del pecado llegaron a ser siervos de la justicia. Hablo en términos humanos, por la debilidad de su naturaleza humana. Así como para practicar la iniquidad presentaron sus miembros para servir a la impureza y la maldad, ahora, para practicar la santidad, presenten sus miembros para servir a la justicia. (Ro. 6:15-19, RVC)

NO BAJO LA LEY, SINO BAJO LA GRACIA

NO PERDEDORES...

En estos versículos hay muchas cosas que impulsan esa transformación personal que usted anda buscando. Fíjese en la promesa fenomenal que le hace Dios: usted "no está bajo la ley, sino bajo la gracia". Cuando usted está bajo la ley, se siente fracasado, y constantemente le acosan mensajes de condena: "¡Perdedor! ¡Ya has vuelto a fastidiarlo!"; o "¡Eres un fracasado! No estás a la altura, y nunca lo estarás". Estos mensajes provienen del enemigo de nuestras almas, Satanás, que es llamado "el acusador de los hermanos" (Ap. 12:10). Si escuchamos esas mentiras, podemos desanimarnos e incluso deprimirnos al pensar en nuestra necesidad de cambiar.

El propósito de la ley era *revelar* el pecado, y eso es lo único que puede hacer. La ley nos hace sentir mal al restregarnos en la cara nuestros fracasos. Pero escuche esto: ninguno de los hijos de Dios está bajo la ley. Todos los que conocen a Dios en Cristo están bajo la gracia. Dios nos ha incorporado a un sistema de gracia, de modo que cuando nos ve, percibe la imagen de nosotros transformada por Él, y no lo que somos en realidad.

Debemos olvidarnos de la idea de que Dios nos contempla desde el cielo con el ceño fruncido y los dientes apretados, diciendo: "¿Qué *problema* tienes? ¿Por qué no lo *entiendes*?". Dios nos ha incorporado a su sistema de gracia de manera que, cuando fracasamos en el proceso de cambiar, podemos escuchar el mensaje liberador que dice: "Te amo; te perdono. Levántate y sigue intentándolo. ¡Yo te ayudaré!".

... SINO EN SUS BRAZOS, COMO HIJOS SUYOS

¿Entiende que desde que usted acudió a Cristo su "estatus" nunca ha aumentado a los ojos de Dios, porque alcanzó el punto máximo el día en que le aceptó como hijo suyo? No aumenta, ni tampoco disminuye, porque no tiene *nada que ver* con usted. Tiene que ver con la gracia y con el hecho de que Dios ha optado por demostrarle su amor.

¿No son unas noticias magníficas? Deseamos mucho ser transformados de las personas que somos a la imagen de Cristo, pero a veces nos desanimamos e incluso queremos abandonar. En medio de esa lucha interviene la Palabra de Dios con una afirmación de gran autoridad: "no está bajo la ley, sino bajo la gracia". Usted está en manos de un Dios amante comprometido con efectuar su transformación, que le concederá sus recursos divinos durante todo el tiempo en que usted viva en este mundo. Cuando caiga y fracase, ¡levántese! Y siga adelante con la fuerza de la gracia de Dios y su amor por usted.

¿DE QUIÉN ES USTED ESCLAVO?

Una de las verdades sorprendentes de este pasaje es que todos somos esclavos de algo. Pablo dice: "¿No saben ustedes que, si se someten a alguien para obedecerlo como esclavos, se hacen esclavos de aquel a quien obedecen?". Incluso siendo cristianos libertados del poder del pecado, seguimos sirviendo a un señor. La pregunta es: ¿a quién? El pecado sigue teniendo atractivo, incluso para el cristiano nacido de nuevo.

SIEMPRE ESCLAVOS DE ALGO

Si usted hace lo que le manda su jefe, sin dudar ni cuestionar nada, usted es, a todos los efectos, el esclavo de su jefe. Si usted hace todo lo que le dice su cónyuge, sin evaluar o considerar si es realmente lo mejor, es esclavo o esclava de su cónyuge. Y si hace lo que le ordena su naturaleza pecaminosa, sin resistirse o discernir la sabiduría de esa elección, a todos los efectos prácticos, es esclavo de su naturaleza de pecado.

La única alternativa es lo que Pablo llama ser "siervo de la justicia". Un siervo de la justicia es una persona cuyo máximo deseo es hacer lo que quiere su Maestro.

ESCLAVO DEL PECADO...

¿De qué es usted esclavo? Hay incontables pecados a los que puede estar esclavizada una persona. Por poner solo un ejemplo, permítame que consulte mi "directorio de pecados", y hagamos un repaso:

- *Bienes*. Algunas personas son esclavas de los bienes materiales: más dinero, un auto nuevo, ropas bonitas, una casa más grande. Están sometidos al consumismo. En realidad, son esclavos de ese pecado.
- *Sexualidad*. He conocido y aconsejado a hombres que piensan casi exclusivamente en las mujeres y en el sexo. No pueden pensar en nada más. Sin importar el tema, siempre encuentran la manera de llevar la conversación al terreno del sexo. Son esclavos del pecado de los pensamientos y actos sexuales inmorales. La sexualidad, un don de Dios, se ha pervertido en sus mentes.
- *Sustancias*. Una sustancia puede llamar a una persona por su nombre, y esta responderá: "¡De acuerdo! Haré lo que me pidas". La cocaína, el alcohol, el tabaco, la cafeína, el azúcar...

tales personas son esclavas de esa sustancia, cuando la Biblia nos ordena que no estemos sometidos al poder de nada.

- *Personas.* A estas personas las controla alguien que está en su vida. Esa persona "los tiene fichados". Esa persona puede pulsar sus botones y tirar de la correa a voluntad. Un individuo puede ser "esclavo" de decir o hacer cosas que lamentará, pero que hará debido al control que tiene esa persona sobre él o ella. ¡Eso es esclavitud!

Como pastor, a menudo observo que las personas acusan al cristianismo de ser demasiado restrictivo. Oigo cosas como estas: "¡El cristianismo tiene demasiadas reglas!" o "Cumplir todos estos deberes cristianos es como estar en la cárcel; tengo que ser yo mismo". Sin duda, Jesús nos ha dado una descripción de cómo quiere que vivamos, pero esta no se acerca siquiera lo más mínimo a lo que es el encarcelamiento o la esclavitud que conlleva ser esclavos del pecado.

Hace poco leí en el periódico local un veredicto del tribunal de Texas contra John William King, sentenciado a muerte por haber asesinado cruelmente a un hombre negro. King fue acusado de encadenar a James Byrd Jr. por los tobillos a la parte trasera de su camioneta, y luego arrastrarlo a toda velocidad durante más de cinco kilómetros. Podríamos pensar que el impacto de una sentencia como esta conmocionaría su forma de pensar decadente, pero cuando salía de la sala del tribunal, un periodista le pidió que hiciera un comentario, y lo único que hizo fue *maldecir* a los afligidos parientes del muerto.

Yo pensé: *El pecado es un señor implacable, frío y cruel.* Génesis 4:7 dice: "El pecado está a la puerta, al acecho y ansioso por controlarte" (NTV). Recuerde que el pecado equivale a esclavitud, y la única manera de ser realmente libre se encuentra en el evangelio de Jesucristo (ver Ro. 6:17), Aquel que dijo: "conocerán la verdad, y la verdad los hará libres" (Jn. 8:32, NVI).

... O SIERVO DE LA JUSTICIA

Esto le animará de verdad. Pablo sigue diciendo en Romanos 6:18: "y una vez liberados del pecado llegaron a ser siervos de la justicia".

Esto no es como decir: "A lo mejor algún día…". No, quiere decir: "Ahora mismo". Hay una nueva servidumbre que ha ocupado el lugar de la esclavitud al pecado. Se llama la *servidumbre a la justicia*.

Una vez más, la idea se subraya recurriendo a la repetición: "se hacen esclavos de aquel a quien obedecen… de la obediencia que lleva a justicia" (v. 16); "siervos de la justicia" (v. 18); "servir a la justicia" (v. 19); "siervos de Dios" (v. 22).

A pesar de que no le conozco personalmente, si está realmente en Cristo, sobre todo si acudió a Él después de la infancia, sé algo sobre usted. Hubo un momento en su vida en que apenas pensaba en el pecado. Oh, sí, puede que sintiera un poco de culpabilidad o de arrepentimiento ocasionales, pero no una convicción verdadera y coherente por el pecado. Sin embargo, cuando vino a Cristo, todo eso cambió. Donde una vez podía decir y hacer todo tipo de cosas sin pensárselo dos veces, ahora sabe perfectamente que están mal. Antes apenas pensaba en el pecado, pero desde que entregó su vida a Cristo, el pecado está por todas partes. Lo ve en otros, y es consciente sobre todo de su presencia en su propia vida. Antes de venir a Cristo, somos esclavos del pecado, y apenas pensamos en la justicia. Después de convertirnos, somos siervos de la justicia, y pensamos frecuentemente en el pecado.

¿Ha sido este su "testimonio", su experiencia? ¿Es siervo de la justicia? Quizá no está seguro. ¿Por qué no hace este pequeño examen de tres preguntas? Si no es un siervo de la justicia, sigue siendo esclavo del pecado, y no está en Cristo. Así que le interesa superar este examen.

"Sé que soy siervo de la justicia si…

1. "Soy muy consciente de la injusticia en mi vida". La percibe. Cuando peca, siente esa tremenda convicción de pecado. Su corazón se duele. Cuando incumple el estándar de Dios, se siente mal. Cuando pone los ojos en algo injusto… si dice palabras que no son correctas… si opta por hacer algo que es ilícito, sabe que lo ha hecho mal.

2. "No puedo ignorar mi pecado personal, y tengo que arreglarlo". Cuando el Espíritu Santo le convence de un pecado concreto, tiene que solucionarlo. Siente la necesidad de pedir

perdón a Dios y acudir a un hermano o una hermana que se haya visto perjudicado por ese pecado y decir: "He pecado contra ti, y lo siento de verdad. Te ruego que me perdones".

3. "Me pregunto constantemente si agrado a Jesús". ¿Puede decir sinceramente: "Pienso mucho en Cristo, no a cada momento, pero sí cada día"? Los siervos auténticos de la justicia tienen en su interior el Espíritu Santo que les pregunta sin cesar: "¿Agradaría esto a Jesús?". Es nuestro corazón el que pregunta: "¿Es esto lo que Él quiere que haga?".

EL FRUTO DE LA JUSTICIA

Alguien dirá: "Yo no soy tan consciente del pecado. Puedo optar por ignorarlo, y no tengo que arreglar las cosas con Dios ni con otros. No intento complacer constantemente a mi nuevo Señor, pero aun así me considero cristiano. Lo único que pasa es que he tropezado". Muchos presuntos cristianos viven así, y luego se preguntan por qué no se parecen cada día más a Cristo.

Pero si usted es realmente un siervo de la justicia, el fruto de su vida lo demostrará. Hace poco, un hombre al que llamaré Jaime vino a verme después de un culto y me dijo: "Estoy preocupado. Tengo todo esto en la cabeza, pero no estoy seguro de que esté en mi corazón. No estoy seguro de ser cristiano". Yo sabía qué le preocupaba. Estaba analizando las evidencias bíblicas de la fe genuina en Cristo y no las veía en su vida, y quería que yo le asegurase que había nacido de nuevo. ¿Por qué iba yo a intentar darle paz cuando el Espíritu de Dios le acosaba y provocaba aquella inquietud? Lo que hice fue preguntar a Jaime si veía en su vida algún fruto de la justicia. Le expliqué lo que dijo Jesús: "por sus frutos los conocerán" (Mt. 7:20, NVI).

Le dije que el Nuevo Testamento nos pide que nos ocupemos de nuestra salvación "con temor y temblor" (Fil. 2:12), y que nos examinemos a nosotros mismos para ver si estamos en la fe (2 Co. 13:5). Si su vida no presenta ninguno de los frutos de la justicia, ha llegado la hora de dejar de fingir que conoce a Jesús, quien dijo: "el que permanece en mí, y yo en él, éste lleva mucho fruto" (Jn. 15:5). Es hora de que dejemos de asegurar a las personas que son salvas más de lo que Dios se lo asegura. Si usted no manifiesta los frutos de la justicia regularmente, debe cuestionarse si ha sido liberado del pecado para ser siervo de la justicia (Ro. 6:18).

Si usted reconoce en su vida los frutos de la justicia, conocerá el gozo que aportan, y tendrá hambre de más. De hecho, por eso empezó a leer este libro, porque quiere cambiar de verdad. ¡Fantástico!

Esta es la última fase en el proceso de cambio:

ALCANZAMOS LA VICTORIA CUANDO NOS OFRECEMOS POR ENTERO A DIOS.

Después de arrepentirme de mi pecado y creer que el poder del pecado ha sido anulado en mi vida, "lo único que falta es elegir". Elegir confesar las palabras poderosas "He muerto a eso" y considerarme muerto al pecado es la primera parte de la decisión de cambiar. Pero estos actos, por sí solos, no garantizan el cambio. Hay una segunda parte.

Quizás usted haya experimentado el sufrimiento que supone estar delante de determinada tentación y decir: "He muerto a eso, estoy *muy* muerto a eso. Sin embargo, en este mismo instante parece que me atrae demasiado; de hecho, no estoy tan muerto a eso como lo estaba hace unos segundos". Luego se descubre diciendo: "¿Por qué estoy tan vivo a eso?". ¡Y es cuando llega el fracaso!

Si quiere cambiar, no solo debe morir al pecado. Tiene que *actuar* basándose en aquello para lo que está vivo, gracias a la obra de Cristo en usted. La segunda elección que debe hacer es presentarse a Dios, ofreciéndose como siervo suyo.

Esta es una idea que se subraya repetidamente en Romanos 6:

"Considérense… vivos para Dios en Cristo Jesús, nuestro Señor" (v. 11).

"Preséntense ustedes mismos a Dios como vivos de entre los muertos" (v. 13).

"Se hacen esclavos de aquel a quien obedecen… de la obediencia que lleva a la justicia" (v. 16).

"Presenten sus miembros para servir a la justicia" (v. 19).

SIENTO VICTORIA, NO ESCLAVITUD.

No se desanime con todo este lenguaje sobre la esclavitud. En el versículo 19, Pablo explica: "Hablo en términos humanos". Lo que quería decir es: "Eh, amigos, utilizo una analogía para ayudar a que nuestras mentes humanas, que son finitas, comprendan una verdad sobrenatural. No llevemos la analogía mucho más lejos". En el sentido más cierto posible, los hijos de Dios no somos esclavos de nada. Somos vencedores. Somos hijos e hijas del Dios altísimo. Antes de estar en Cristo, nadie tenía que enseñarnos a pecar; simplemente, hacíamos todo lo que el pecado nos ordenaba. El propósito de la analogía de "los siervos de la justicia" es garantizar que no compliquemos en exceso el seguir a Cristo. Si somos tan obedientes a nuestro nuevo Señor como lo éramos al antiguo, tendremos éxito al seguir a Cristo. Además de esto, Pablo quería asegurarse de que no transferíamos las imágenes negativas de la esclavitud al hecho de vivir para Dios.

RENUNCIANDO A SATANÁS A FAVOR DE UN SEÑOR AMOROSO

Servir a Satanás y servir a Cristo son cosas radicalmente opuestas. Es increíble que a menudo nos sintamos tentados a dudar a la hora de elegir quién será nuestro Señor. Dedique unos instantes a reflexionar sobre la diferencia entre ellos.

Primero, ¡Satanás odia a quienes le sirven! ¿Lo sabía? ¡Le odia y quiere destruirle! Nunca he logrado comprender a la "Iglesia de Satanás" moderna. ¿Qué hacen en sus cultos? Maldecirse e insultarse mutuamente. Destruirse mutuamente, abusar unos de otros. Se agotan intentando promover los objetivos de su señor. ¡Qué estupidez! ¡Satanás *odia* a las personas! Por el contrario, *Cristo nos ama* y se ha entregado para alcanzar nuestro gozo y nuestra plenitud última, que radican en conocerle y seguirle. ¡Nunca piense que eso es esclavitud!

Segundo, Satanás nos consume para sus propósitos. Lo único que hace es usar y abusar de las personas. Por el contrario, *Cristo nos cambia para nuestro bien.* Nunca permite que en nuestra vida entre algo que no use para nuestro beneficio, para producir algo bueno. ¡Eh!, ¿a cuál de los dos debo elegir como señor?

Tercero, Satanás nos condena con expresiones generales que nos inducen al desespero. ¿Se ha dado cuenta alguna vez de que Satanás nunca dice nada concreto cuando nos acusa sobre un pecado en nuestra vida? La Biblia dice que Satanás es "el acusador de los hermanos", pero nunca dice nada específico. Nunca dirá: "Oye, Fernando, tendrías que ser un poco más…". ¿Sabe por qué no lo dice nunca? Porque no desea que usted sea mejor de lo que es. No quiere que usted mejore su vida. No le dirá: "Mira, Ricardo, me gustaría que trabajaras este aspecto…". Ni tampoco: "Eh, Susana, ¿por qué eres tan… ?". No le dice nada concreto porque no quiere ayudarle. En lugar de eso, nos condena con acusaciones generales del tipo: "¡Eres un desastre! No tienes nada que hacer, tira la toalla. Lo único que haces es fingir. ¿A quién intentas engañar?". Intenta hundirnos a base de acusaciones generales.

Por el contrario, por medio del Espíritu Santo, Cristo obra con una precisión quirúrgica. "Eh, tú. Deja de desatender a tu esposa". Con eso, con puntos concretos de convicción, sí que podemos llegar a alguna parte. El Espíritu Santo nos revelará cosas concretas en las que podamos trabajar. "Oye, Felipe. Eres adicto a… Renuncia a ello y apóyate en mí para hallar fuerzas". O "Mira, Teresa. Ese pensamiento es pecado". "Escucha, Vera. Ese comentario no es positivo".

Ofrecernos a Dios se vive como una victoria, no como una esclavitud. Cuando hago lo que dice Satanás, me siento como si fuera basura, pero cuando hago lo que dice Dios, me siento estupendamente, porque tengo la victoria y también esperanza para el futuro.

HACER LA ELECCIÓN

No se puede estudiar Romanos 6 sin entender que somos llamados a hacer una elección. Sabemos cómo elegir, porque es algo que hacemos constantemente. Involucra nuestra voluntad, es una decisión. "Voy a ir a ese lugar. Voy a vender esto. Quiero elegirte". Este pasaje está repleto de elecciones firmes para servir a la justicia:

No permitan ustedes que el pecado reine… (v. 12)

Tampoco presenten... (v. 13)

¿Pecaremos... ? (v. 15)

Si se someten... (v. 16)

Han obedecido de corazón... (v. 17)

Así como... presentaron... ahora... presenten sus miembros... (v. 19)

Desde que dije públicamente a los miembros de mi iglesia cuáles eran las cosas concretas que Dios estaba cambiando en mi vida, Él cada vez me ha dado más "oportunidades de crecimiento". He descubierto que, cuanto más ocupado estoy, más me cuesta ser paciente en vez de frustrarme cuando se presenta la tentación. Cuando sucede, debo recordarme esta verdad:

OFRECERME A DIOS RADICA EN OPTAR POR HACERLO.

Escribo estas líneas a principios del verano, que siempre es una época complicada porque es justo antes de que mi familia y yo nos vayamos de vacaciones; de modo que intento rematar los asuntos pendientes y dejar tiempo libre para los preparativos. Aparte de esta presión, he prometido acabar este libro en el plazo de un mes, y por si fuera poco, Pioneers, a cuya junta directiva pertenezco, ha convocado una reunión de emergencia. Pioneers es una agencia internacional de misiones dirigida a pueblos no alcanzados; tiene su sede en Orlando y más de 700 misioneros repartidos por todo el mundo. La mayoría de los directivos son hombres de negocio, pero, ¿convocan la reunión en el momento más ocupado de su semana? ¡No! Nos citan para el viernes, cuando además de todas las otras tareas lucho por concluir mi mensaje más importante del año para el domingo próximo. Es el mensaje en el que repaso con mi iglesia todo lo que hemos aprendido desde el septiembre anterior y desafío a las personas a evaluarse a la luz de lo que han comprendido.

Así que aquí estoy, en el aeropuerto de Chicago, el más ajetreado del mundo, en el momento más frenético del año, el año más ocupado de toda mi carrera, y estamos sentados en el avión, esperando que despegue para ir a Orlando. Intento mantener una buena actitud, pero en el fondo de mi mente no puedo evitar preguntarme: "¿Por qué les he dicho que sí? ¡No tengo tiempo para esto!".

¡Ding, ding! "Les habla el comandante. Lamento informarles de que los disturbios climatológicos sobre Florida son tan fuertes que no nos han dado luz verde para el despegue, y habrá una espera de al menos tres horas". "¡Paciencia!", pensé. "Volveremos a la terminal y pasaré tres horas trabajando intensamente en mi computadora". ¡Pues no! A continuación el comandante nos informó de que no podríamos volver a la puerta de salida. Como había tantos aviones situados para el despegue, estábamos atascados en la fila, y tendríamos que pasar las tres horas en la pista. Podría dedicar otras tres páginas a describir cómo ese viaje se convirtió en una prueba. Basta con decir que aquello fue solo el principio:

- Una reunión tremendamente agotadora en Orlando, de la que tuve que irme antes para volver a mi casa;
- Cinco horas más de espera en la terminal de Orlando, porque nuestro vuelo de vuelta se vio retrasado en veinte lapsos de quince minutos cada uno, sin que nadie nos dijera por qué;
- Otra hora en la pista de Chicago, después de aterrizar, de modo que mi viaje de vuelta, que debía durar dos horas y media, se convirtió en una pesadilla de doce horas.

Quizá a usted no le hubiera costado pasar por todo esto sin perder los nervios, pero para mí fue necesario un milagro. Más concretamente, ¡una elección!

Por la gracia de Dios, soporté sentado todo aquello sin un solo momento de ira ni una palabra de frustración. Ni siquiera me quejé, aunque hubiera montones de personas dispuestas a compadecerme. Cuando salí del avión, cerca de la una y media de la madrugada, y me dirigí a la recogida de equipajes, recordé que me había olvidado el sombrero en el avión. Me eché a reír a carcajadas mientras me daba la vuelta para volver a recogerlo, porque mi corazón desbordaba gozo. Dios me había dado todo un día para grabar en mi corazón la lección de que la victoria es una elección.

Antes, esa misma semana, había llegado a la iglesia sintiéndome derrotado porque había perdido la paciencia con uno de mis hijos antes de ir al trabajo. Sabía que toda la culpa era mía; era yo quien había tomado la elección de actuar mal. Si realmente nos tomamos en serio la transformación personal, es esencial que reconozcamos el poder de una elección en un momento determinado: la elección de hacer el bien o el mal. Eso nos lleva a la siguiente faceta de esta verdad.

OFRECERME A DIOS ES ALGO QUE HAGO MOMENTO A MOMENTO.

Ni siquiera cuando empecé este libro comprendía plenamente esta idea. He llegado a entender, de una manera totalmente nueva, que el cambio no es tanto la crisis como el proceso. El cambio se basa en miles de miles de decisiones pequeñas que tomamos cada día. "Aquí estoy, en este punto. Siempre hago esto, pero ahora, por la gracia de Dios, en este mismo instante, elijo hacer esto otro. Señor, he muerto a eso, y me ofrezco a ti".

Son millones de decisiones. El cambio se basa en un instante tras otro, y otro, y otro.

Mi educación espiritual fue maravillosa en muchos sentidos, pero la verdad que acabamos de ver no era algo que se entendiera o se enseñara. Siempre me dijeron que el cambio se centraba en la crisis. Muchos domingos por la mañana, cuando acababa el culto, cantábamos "Todo a Jesús entrego" o "Señor, vuelvo al hogar" o "Tal como soy". Son himnos maravillosos, pero se centran en la faceta de la crisis en el cambio. Y las personas pasaban al frente al final del culto y, en medio de una crisis, prometían a Dios que iban a cambiar.

En verano íbamos al campamento y teníamos otra crisis. Toda la semana se iba caldeando el ambiente para llegar a la última noche, en que encendíamos una gran fogata y todo el mundo "se entregaba a Dios" echando una rama a la hoguera. Y las cosas iban estupendamente hasta finalizar el verano. Y entonces uno se preguntaba: "¿Adónde se ha ido *aquella decisión*?".

No me opongo a las crisis, pero estoy convencido, más que nunca, de que la verdadera transformación radica en el proceso, en las mil decisiones que se toman en cada instante. Chris Rice es un músico cristiano muy conocido que escribió un tema excelente titulado "El poder del momento". En él dice: "El único momento que importa es ahora mismo".[1]

En lugar de estar sentado en la iglesia esperando la crisis, aguardando a que el predicador nos conmueva profundamente para tener una crisis que sea más crisis que cualquier otra que hayamos tenido en la vida, ¿por qué no elegimos cambiar? No hablamos de una gran crisis emocional, sino de una pequeña, y luego otra, una a la vez. Lo que produce la verdadera transformación es un millar de elecciones tras otras.

DEMOS UN PASEO

En la Biblia, el Espíritu Santo emplea muchas imágenes para describir la vida cristiana. Se nos dice que vivir para Cristo es como trabajar en una viña (Mt. 20), construir una casa (Mt. 7) y disputar una carrera (1 Co. 9). Podríamos dar muchos otros ejemplos pero, de lejos, la imagen más frecuente de la vida cristiana en el Nuevo Testamento es el camino. Vivir la vida cristiana con éxito es como ir a caminar. Demos un paseo rápido por seis pasajes del Nuevo Testamento.

"Ahora, pues, ninguna condenación hay para… los que no andan conforme a la carne, sino conforme al Espíritu" (Ro. 8:1).

"Anden por el Espíritu, y no cumplirán el deseo de la carne" (Gá. 5:16, NBLH).

"Si vivimos por el Espíritu, andemos también por el Espíritu" (Gá. 5:25).

"Yo pues, preso en el Señor, [les] ruego que [anden] como es digno de la vocación con que [fueron] llamados" (Ef. 4:1).

También en Efesios hallamos: "No [anden] como los… gentiles. [Anden] en amor. [Anden] como hijos de la luz. [Anden] con prudencia".

"Por tanto, de la manera que [han] recibido al Señor Jesucristo, [anden] en él" (Col. 2:6).

Podríamos dar muchos más ejemplos, pero quizá piense: "Bueno, pero eso lo dice Pablo. Él era misionero. Seguramente caminaba mucho, de modo que, ¿qué tiene de especial que use esos términos?". No, es mucho más que eso. ¿Recuerda que el Espíritu Santo inspiró a los escritores de la Biblia para que manifestaran las propias palabras de Dios? "Los santos hombres de Dios hablaron siendo inspirados por el Espíritu Santo" (2 P. 1:21). También Lucas, Pedro, Judas y Juan describieron la vida en este mundo como un *camino*. Incluso en el Antiguo Testamento el profeta Isaías prometió que vendrían maestros de Dios que dirían: "Éste es el camino, [*anden*] por él" (30:21).

Cuando entendemos que el proceso de cambio es como caminar, empezamos a darnos cuenta de que lo único en que tenemos que concentrarnos es en el paso siguiente. A menudo nos desanimamos durante el proceso de cambio porque toda una vida de combatir el pecado y buscar la victoria nos parece insoportable. Si usted y yo queremos caminar con Cristo y ser las personas que Dios quiere que seamos, nuestro objetivo debe ser el paso siguiente. Solo eso, nada más. Satanás nos intimida en cuanto a la victoria a largo plazo, y perdemos la oportunidad de vivir para Cristo en este momento.

Norman Grubbs escribió en su incisivo librito *Continuous Revival* [El avivamiento constante]: "En este momento, justo ahora, si su camino se ve ensombrecido por el surgimiento de algún movimiento del pecado en su interior, escuche a Dios cuando lo señala y le dice: 'Ahí, justo ahí, justo con eso, haz que *esto* pase por la sangre y luego vuelve a caminar conmigo'".[2] Esta verdad me ha aportado una libertad tremenda, y puede hacer lo mismo con usted. Toda una vida de transformación es muy intimidante, de modo que, ¿por qué no se lo toma con calma, y dedica el momento siguiente al Señor?

¿LISTO PARA UNA SESIÓN PRÁCTICA?

Ha llegado el momento de una sesión práctica, la hora de considerar un área concreta y ver cómo podemos pedir ayuda a Dios. Supongamos que lucha usted con la mentira. ¿Ha dicho una mentira alguna vez? (Si contesta que sí, siga leyendo; si dice que no, acaba de mentir). Luego imagine que el Señor le ha revelado que la mentira es lo próximo que quiere transformar en usted. Para entender esto, ha llegado a una crisis. Ve ese pecado como lo que es de verdad en su vida, y Dios, en su gracia, le ha llevado al punto del verdadero arrepentimiento sobre ese tema. Como pasa siempre antes de haber superado la crisis, ve cómo se acerca esa situación donde una y otra vez cae y miente. Pero esta vez, en este momento, se enfrenta a la tentación y se niega a ceder, creyendo que no tiene por qué caer, porque Cristo ha destruido el poder del pecado en su vida.

Por supuesto, la tentación no se desvanece de inmediato. Por tanto, usted decide buscar la victoria confesando en voz alta las palabras poderosas "¡He muerto a eso!". En ese momento, la tentación cede terreno, pero usted sabe que volverá con refuerzos. Quedarse quieto no bastará durante mucho tiempo, de modo que toma la decisión de ofrecerse a Dios, orando: "Señor, sabes que solía usar mi boca para mentir, pero me ofrezco a ti en este momento". Luego, abra la boca y diga la verdad. Cualquier verdad pertinente. Una verdad sobre Dios, una verdad sobre la propia situación, *¡una verdad!* En ese momento, usted es transformado.

Si usted puede utilizar esta historia y cambiar el pecado del que habla por cualquier otro de entre mil, entenderá el proceso de santificación. Pablo escribió: "El que hurtaba, no hurte más, sino trabaje, haciendo con sus manos lo que es bueno [se ofrezca a Dios en el momento], para que tenga qué compartir con el que padece necesidad" (Ef. 4:28). No se trata solamente de pararse delante del refrigerador y decir: "He muerto del todo a ese pastel de chocolate. He muerto a eso. Voy a matar a quien lo metiera ahí. He muerto a eso". Tiene que alejarse de eso, e invertir sus energías en otra cosa. Momento tras momento, tras momento.

Quizá su problema sea el materialismo. Usted se acerca con su familia al centro comercial más cercano y, antes de que se dé cuenta, ha entrado en aquella tienda tan cara. Está justo delante de un traje o de un mueble, o lo que sea, y tiene la tarjeta Visa en la mano, sabiendo que no puede permitirse esa compra, y diciéndose: "No quiero eso. He muerto a ese objeto. ¡He muerto a eso!". No se quede delante mucho tiempo, porque si no, sabe que fracasará. En lugar de eso, ¿por qué no sale de la tienda? Y mientras se va, puede orar diciendo: "Señor, normalmente aprovecho esta ocasión para comprar algo que me gratifique, pero ahora te ofrezco mi tiempo. Voy a recorrer el centro comercial mientras espero a mi familia, y te ruego que me des a alguien a quien pueda servir. Señor, muéstrame a alguien a quien pueda animar. Indícame cómo usar mi vida para ti. En este momento me ofrezco a ti".

La segunda parte es tan esencial como la primera. Después de decir que ha muerto a ese pecado, recuerde que usted está vivo para Dios. Y ore: "He muerto a eso. Señor, me ofrezco a ti". Algunas versiones de la Biblia traducen Romanos 6:13 de otra manera. La Reina-Valera dice que nos "presentemos", y la Nueva Versión Internacional, que nos "ofrezcamos". La Nueva Traducción Viviente dice que nos "entreguemos". La idea es poner esa lucha en manos de Dios. Entregue la situación a Dios, momento tras momento.

PREGUNTAS DEL MAESTRO

1. ¿Por qué hemos de hacer algo más que estar muertos a las cosas si queremos obtener la victoria duradera?
2. ¿Con qué frecuencia cree que tendrá que ofrecerse de nuevo a Dios esta semana? ¿Por qué?

PREGUNTAS DEL PROFETA

1. ¿Qué parte de su vida se ha negado a entregar a Dios?
2. ¿Qué consecuencias ha sufrido por no haberse entregado a Él?

PREGUNTAS DEL PASTOR

1. ¿Por qué a menudo nos da miedo entregar nuestras vidas por entero a Dios?
2. Al entregar a Dios nuestras vidas, ¿de qué podemos estar seguros porque sabemos que Él nos ama?

MANOS A LA OBRA

Es hora de hacer público su proceso de cambio. Invite a un amigo íntimo a tomar un café o a desayunar. Comparta con él o con ella lo que Dios le ha estado enseñando. Luego pida a su amigo o amiga que ore por usted mientras sigue avanzando por este libro.

¡ALCE LA VISTA!

Amado Señor:

Hoy te alabo por la victoria que obtuviste sobre mi pecado por medio de tu muerte y tu resurrección. Confieso que no he experimentado la victoria que has obtenido para mí, y te pido perdón por esto. En este momento, como nunca antes, te entrego mi vida. Haré todo lo que pueda para vivir la verdad de que soy tuyo. Cuando lo olvide o dé un paso atrás, te ruego que me recuerdes este compromiso, y volveré a ofrecerme de nuevo a ti.

Gracias por hacer posible esta elección por medio de tu gracia maravillosa. En el nombre de Jesús. Amén.

NOTAS

1. Chris Rice, "The Power of a Moment", © 1988 Clumsy Fly Music; del CD "Past the Edge", Rocketown Records.
2. Norman Grubbs, *Continuous Revival* (Ft. Washington, Penn.: Christian Literature Crusade, 1977), 11.

Parte 3

EL PODER
PARA CAMBIAR

¿Recuerda aquel juego infantil llamado "Caliente o frío", en el que usted escondía un objeto y desafiaba a otros niños a encontrarlo simplemente siguiendo las pistas que les daba diciendo "Frío, frío" o "caliente, caliente, te quemas"? ¿Alguna vez ha jugado a eso? Recuerdo muy bien los gritos entusiastas cuando yo me acercaba mucho al objeto oculto: "¡Eh, te vas a quemar, estás al rojo vivo!".

Por supuesto, la transformación personal es un proceso difícil y en ocasiones doloroso. Es evidente que no es un juego, pero quiero que sepa que si ha hecho todo lo que hemos tratado en este libro hasta este punto, "¡se va a quemar, está al rojo vivo!".

El cambio y la victoria duraderos están casi al alcance de sus dedos. La tercera parte le ofrece el último elemento para obtener el cambio perdurable: el poder para cambiar.

En la segunda parte examinamos basándonos en la Palabra de Dios la **crisis***, y luego el* **proceso** *de tres pasos que es el cambio personal en la vida. Si nos ha acompañado hasta el momento y ha hecho los ejercicios, debería haber logrado esto:*

- *Arrepentirse de una conducta o actitud concreta que Dios quiere cambiar en usted: la crisis.*

- *Empezar, por fe, a vivir la verdad que dice que el pecado ya no tiene ningún poder sobre su vida en virtud de su relación con Cristo.*
- *Decir las palabras que transforman vidas "He muerto a eso" en el momento de la tentación.*
- *Experimentar el gozo de apartarse de esa conducta o actitud y ofrecerse a Dios en ese momento.*

Si puede decir "He hecho estas cosas, de modo que ayúdame, Señor", está listo para llegar a la tercera parte.

Y ahora, una advertencia. Hasta ahora, después de siete capítulos, hemos visto el proceso. Es un proceso excelente, el proceso bíblico para el cambio. Pero hasta el momento es como una barbacoa sin combustible, como una casa sin electricidad, un auto sin motor. Sin la tercera parte, sus victorias momentáneas durarán poco tiempo. Pronto recaerá en el agobiante proceso de pecado-confesión, pecado-confesión. Puede volver a cometer el mismo pecado o sustituirlo por uno nuevo, pero sin el contenido de los tres últimos capítulos de este libro no experimentará una transformación duradera.

La mejor parte de este libro aún está por delante. Habla del poder para cambiar. Habla de un tipo de vida cristiana que quizá nunca haya experimentado antes. Ponga en práctica los principios de la Parte 3 y experimentará una victoria duradera que la mayoría de personas jamás pensó que fuera posible.

8   LA FUENTE DEL PODER

CONCEPTO CLAVE:
Para que tenga lugar el cambio en la vida, debemos
acceder al poder de Dios para cambiar, admitiendo
que no tenemos fuerzas propias.

La mayoría de los cristianos que conozco están cansados; muchos de ellos están agotados. No conservan la pasión por Dios que tuvieron en otro tiempo, y se sienten un tanto culpables por ello. La secuencia siempre es la misma: temporadas constantes de (1) expectativas renovadas; (2) búsqueda enérgica; (3) decepción creciente y, por último, (4) agotamiento.

"¿Qué me pasa? ¿Por qué no aprendo? ¿Por qué no cambio? ¿Alguna vez cambiarán las cosas?". Han intentado servir, agotándose hasta el límite en la obra de Cristo, mientras buscaban una experiencia cristiana más plena por medio de la participación en el ministerio. Agotados, "se retiran" una temporada y luego prueban con el "conocimiento bíblico". "Esa es la clave", les dicen, de modo que planifican cómo aprender más de la Palabra de Dios. Participan en estudios bíblicos, programan momentos de meditación y leen libros sobre disciplinas espirituales. Una vez más, eso dura una temporada y produce algunos beneficios, pero aun así esos cristianos sienten que el gozo que les prometieron cuando se convirtieron sigue eludiéndoles.

Llegan y se van otras temporadas de intentos dignos. La adoración, la ayuda a los pobres, las misiones y el evangelismo, la oración y, y, y... Todos estos empeños revelan una intención sincera de vivir como Dios desea, seguida de fracasos, frustraciones y agotamiento. ¿Le resulta familiar?

LA VIDA CRISTIANA AGOTADORA

EL DILEMA DE PABLO

Pablo describió algo muy parecido que sucedía en su vida: el deseo de hacer el bien, pero la incapacidad de hacerlo. Escribió:

> Porque lo que hago, no lo entiendo; pues no hago lo que quiero, sino lo que aborrezco, eso hago. Y si lo que no quiero, esto hago, compruebo que la ley es buena. (Ro. 7:15-16)

En otras palabras, Pablo quería hacer algo. El hecho de que quisiera hacerlo demuestra que la ley es buena. "Lo único que pasa es que no lo hago", explicaba Pablo. Luego añadía el porqué: por "el pecado que mora en mí. Y yo sé que en mí, esto es, en mi carne, no mora el bien; porque el querer el bien está en mí, pero no el hacerlo. Porque no hago el bien que quiero, sino el mal que no quiero, eso hago" (vv. 17-19).

Lo que describe Pablo en Romanos 7:15-19 es *la vida cristiana agotadora*. La vida cristiana victoriosa escapaba de Pablo, y lo sorprendente es que, bajo la inspiración del Espíritu Santo, Pablo lo admitía. Pablo reconocía que, en determinado momento del tiempo, su vida cristiana no funcionaba para él. En su caso era un problema temporal, pero tristemente, para muchos seguidores de Jesús, es una experiencia constante. Lo sé debido a que pasé muchos años viviendo esta vida cristiana. Preceptos sin poder, reglas sin recursos, leyes sin vida. Es la vida cristiana sin poder, que al principio agota y luego resulta insoportable. Hace que muchas personas caigan en lo que Pablo definía como "la mente carnal" o "andar en la carne" (ver Ro. 8:1-10). Perdonados... sí. Pero los creyentes, que fracasan y recaen en una mediocridad tibia, empiezan a considerar que la vida cristiana dinámica, llena del Espíritu, victoriosa, algo que Dios les prometió, es como la zanahoria colgada al final del palo.

EL DILEMA DE CHARLES PRICE

Charles Price, escritor británico, ha escrito un libro titulado *Christ for Real* [Cristo en serio].[1] En este libro explica lo siguiente: "Cuando vine a Cristo obtuve tres cosas: un boleto, un certificado y un catálogo. El boleto decía 'Boleto de ida al cielo'... El certificado afirmaba: 'Sirva el presente para certificar que Charles Price ha sido perdonado de todos sus pecados. Firmado, Dios'... El catálogo... se llama Biblia". Y así, con su boleto y su certificado, comenzó a leer el catálogo. Imaginó el cielo como ese supermercado celestial con hilera tras hilera de estanterías cargadas de las cosas que Dios le prometió en el catálogo. Si encontraba en ese catálogo algo que quería, solo tenía que orar. Así era, más o menos, como uno hacía su lista de pedidos.

Price leía la Palabra de Dios y decía que Él prometía darle amor y enseñarle a amar a otros. Por tanto, él decía: "Esto es lo que quiero, Señor. Envíame un poco". Price imaginaba al Espíritu Santo como un recadero celestial, que iba recorriendo las estanterías para completar el pedido. Luego el Espíritu Santo acudía a derramar amor sobre él, de modo que durante un poco de tiempo demostraba más amor a su prójimo.

Pero luego, al leer el catálogo, descubría que Dios le mandaba ser más paciente, de modo que hacía otro pedido. El Espíritu acudía y le daba paciencia durante un tiempo. Como se dedicaba al ministerio, sentía con mucha intensidad la necesidad del poder. Dado que Dios prometía darle poder, oraba pidiéndolo. Según Price, el Espíritu acudía, encendía la mecha, y ¡bum!, disponía de poder durante un tiempo. Pero siempre, siempre, siempre, daba igual lo que pidiera del catálogo, duraba muy poco tiempo.

Cuando leí por primera vez esta metáfora en la obra de Charles Price, me impresionó profundamente, porque era exactamente cómo me sentía yo. Price describió mi propia experiencia personal en mi intento de ser un hombre santo.

MI DILEMA

El problema de abordar la santificación desde este punto de vista es que los resultados siempre son transitorios: mostrar amor, tener paciencia, poseer dominio propio, orar, estudiar la Biblia y dar testimonio. Mantenemos todas estas cosas en el aire, como un malabarista profesional que desea con todas sus fuerzas que el "número" no decaiga, pero siendo conscientes, cada vez más, de que muy pronto todas las cosas se nos van a caer encima. Ese tipo de vida, aunque bien intencionado, en realidad no es más que la santificación antropocéntrica, y siempre conduce al agotamiento. ¡Siempre!

Confíe en mí. Le digo, para mi vergüenza, que he pasado demasiados años (demasiados años como pastor) intentando ser santo con mis propias fuerzas. Mientras crecía, nunca me enseñaron el concepto que encontrará en las siguientes páginas. Recuerdo una canción que cantaba de niño y que, más o menos, resume este problema:

> *La obediencia es la mejor manera de demostrar lo que crees*
> *Hacer exactamente lo que manda el Señor, hacerlo con gozo*
> *La acción es la clave, hazlo de inmediato, gozo tú tendrás*
> *¡La obediencia es la mejor manera de demostrar lo que crees!*
> *O-B-E-D-I-E-N-C-I-A*
> *¡La obediencia es la mejor manera de demostrar lo que crees!*

El problema de esta canción es que el "qué" está muy claro, pero no hay ni una sola pista de "cómo". Como la mayoría de cristianos, yo pensé que el cómo era *yo*. "Ponte a trabajar, amigo. Si realmente amas a Dios, harás lo que te pide". Nunca escuché a nadie decir esto, pero es lo que veía hacer a todo el mundo.

Con el paso de muchos años, pasé de ser un niño que no sabía cómo "energizar" la vida cristiana a ser un predicador que proclamaba "qué quiere Dios" sin el "cómo". Quizá diera cuatro o cinco pasos explicativos sobre cómo "trabajar" en el cambio, pero jamás una explicación completa de cómo acceder al poder de Dios para cambiar. *Sin el poder de Dios que fluya por nuestra vida, la transformación personal siempre será un espejismo.*

EL TÍPICO DILEMA DEL DOMINGO POR LA MAÑANA

Este dilema sobre la obediencia se produce en la mayoría de las iglesias cada domingo por la mañana. Usted llega a la iglesia cansado, tras haber fracasado en su vida cristiana que ha intentado basar en sus propias fuerzas durante la semana anterior. El pastor se pone en pie y dice: "Sean más dedicados, más comprometidos, hermanos y hermanas. ¡Entréguense a Dios! Obedezcan al Señor respecto a este o aquel asunto importante. Si no es el Señor de todo, no es Señor de nada. ¡Obediencia, obediencia, *obediencia*!". El culto va creciendo hasta llegar a una canción u oración emotiva al final, cuando "entregamos todo" por enésima vez.

Al final la mayoría de cristianos prescinden del reto de cambiar, llegando a la conclusión de que "no están a la altura", y se acomodan en una especie de experiencia pseudocristiana apagada, carente de pasión.

Semana tras semana escuchamos predicaciones de este tipo (las puedo criticar porque muchas de ellas las he pronunciado yo), y nuestra desobediencia nos hace sentirnos culpables. Prometemos a Dios que nos esforzaremos más, y algunas semanas, si nos lo tomamos realmente en serio, nuestras promesas llegarán hasta el martes o el miércoles, y luego nos desplomaremos, exhaustos y frustrados, a morder el polvo de nuevo.

¿POR QUÉ ESTÁ VIVO JESÚS?

Este tipo de vida es un cuchillo en el corazón de Jesucristo, que no solo murió para obtener nuestro perdón, sino que resucitó para poder vivir su vida en nosotros. Permítame que le pregunte algo: ¿por qué está vivo Jesucristo hoy? Sí, ya lo sé, "porque resucitó de los muertos". Pero, ¿por qué? Sí, estoy de acuerdo, "porque es Dios, y la muerte no podía retenerlo". Pero, ¿por qué? ¿Qué propósito tiene su vida presente?

Una y otra vez, el Nuevo Testamento nos dice que Jesús está vivo para interceder por nosotros, para presentarse ante el trono de los cielos como nuestro mediador, para hacer peticiones ante el Padre por nuestras necesidades constantes. "Viviendo siempre para interceder por ellos", dicen las Escrituras (He. 7:25). La paga por el pecado está completa; es un logro pasado. Algún día Cristo gobernará el mundo; esta es una promesa futura (Ap. 19:15).

Pero, ¿qué pasa con hoy? *Hoy Cristo vive para derramar su poder victorioso sobre su carácter y el mío*. Sí, ofrece la victoria sobre el pecado y la muerte, y concede el perdón a todos los que creen; pero también quiere transmitir su vida por medio de nosotros. En eso consiste la vida cristiana.

Me temo que a veces el Señor Jesús ha contemplado mi experiencia cristiana, y posiblemente la de usted, y ha dicho: "¿Y *eso* es todo? ¿Por *eso* resucité? ¿*Este* es el grado en el que vas a aprovechar *mi* poder de resurrección? ¿Hasta *este* punto vas a permitirme vivir mi vida por medio de ti? ¿No vas a hacer más?".

Le desafío ahora, en este mismo momento en que sostiene este libro, a que llegue al punto de inflexión al que llegué yo. ¡Es la decisión de desterrar, de una vez y para siempre, la vida cristiana agotadora! Es la elección de renunciar a toda esa fachada tan absurda de "miren cuánto me esfuerzo por ser un buen cristiano".

TOME LA DECISIÓN PERSONAL DE RETOMAR LA AUTÉNTICA VIDA CRISTIANA.

"Cristo en usted". Como veremos, es una forma de vivir muy superior al programa "Cristo por mis propios esfuerzos". Es un camino que le hará preguntarse por qué ha eludido tanto tiempo esta realidad, sin aprovecharla.

LA VIDA CRISTIANA INTERCAMBIADA

Usted no podrá experimentar el tipo de poder del que hablo hasta que llegue a los confines de sí mismo. De la misma manera que una persona no puede venir a Cristo hasta que no llega a las fronteras de su ser, no se puede experimentar el poder para cambiar hasta que se hayan consumido todos sus esfuerzos personales. Eso es lo que hizo Pablo cuando dijo: "¡Miserable de mí! ¿Quién me librará de este cuerpo de muerte?" (Ro. 7:24). No son unas palabras fáciles de pronunciar de todo corazón. Hasta que usted y yo aceptemos plenamente que *nosotros* somos el problema, que *nosotros* somos el motivo de que Cristo no se manifieste en nosotros, hasta que dejemos de intentar vivir la vida cristiana y permitamos que Cristo viva su vida en nosotros, siempre estaremos exhaustos.

El grito desesperado de Pablo en Romanos 7:24, "¡miserable de mí! ¿Quién me librará de este cuerpo de muerte?", merece una respuesta, que llega de inmediato, en el versículo 25: "Gracias doy a Dios, por Jesucristo Señor nuestro". Ahí mismo tenemos la respuesta. ¡Es Cristo! ¡Él es el único que ha vivido la vida cristiana con éxito! Nuestra única esperanza es apartarnos y dejar que Él viva su vida por medio de nosotros.

CARECEMOS DE PODER

Cristo no pretende que usted, por sí solo, viva la vida cristiana. Sin duda, podemos obtener conocimientos y entendimiento. Llevamos trabajando en este tema siete capítulos, y por supuesto que podemos servirle, adorarle y caminar con Él, pero no tenemos poder, no tenemos fuerzas personales para llevar a cabo ese tipo de obediencia. Y hasta que admitamos y aceptemos esa verdad, fracasaremos inevitablemente en el proceso de cambio.

LA HORA DE LA BIBLIA

Quizá se pregunte: "¿Todo esto lo saca de Romanos 7:25?". No, claro que no; esta verdad (que el poder sólo está en Cristo) aparece por todo el Nuevo Testamento. Podríamos pasarnos toda una vida estudiando los versículos, pero vamos a repasar juntos algunos de los más destacables.

En Romanos 5:10, Pablo escribió: "Porque si siendo enemigos, fuimos reconciliados con Dios por la muerte de su Hijo, mucho más, estando reconciliados, seremos *salvos por su vida*". Dentro de este contexto, "salvos" no significa perdonados. Pablo usó el término "reconciliados" para describir esa idea; aquí emplea la palabra "salvos" para referirse a una salvación no solo del castigo por el pecado, sino del poder del pecado, el poder que nos presiona incluso después de aceptar a Cristo. Una paráfrasis precisa sería: "Habiendo sido perdonados por su muerte, ahora somos transformados por su vida". Ahí está la fuente del poder: la vida intercambiada, Cristo que vive por medio de nosotros.

Hace muchos años prediqué un mensaje sobre 2 Corintios 4:8-9, que dice: "estamos atribulados en todo, mas no angustiados; en apuros, mas no desesperados; perseguidos, mas no desamparados; derribados, pero no destruidos". Me puse detrás del púlpito e intenté ofrecer esperanza a nuestra congregación partiendo de esas promesas. Pero los versículos 8 y 9, por sí mismos, ofrecen poca esperanza; las situaciones son casi devastadoras. Las buenas noticias *solo* llegan en el versículo 10. "Llevando en el cuerpo siempre por todas partes la muerte de Jesús, *para que también la vida de Jesús se manifieste en nuestros cuerpos*". Cuando las personas detectan una energía espiritual en mí, ¿de quién es? ¡De Cristo! No es mía, en absoluto.

El versículo 11 repite este mensaje importante: "Porque nosotros que vivimos, siempre estamos entregados a muerte por causa de Jesús, *para que también la vida de Jesús se manifieste en nuestra carne mortal*". Pablo dice que si los demás ven algo digno en nuestro cuerpo mortal, si perciben algo eterno y perdurable, es la vida de Cristo que fluye por nosotros. El único recurso verdadero, el único poder para la transformación duradera, es Cristo en mí. Solo eso es eterno, duradero y transformador.

PASAJES BÍBLICOS CLÁSICOS SOBRE LA VIDA INTERCAMBIADA

Gálatas 2:20 es un pasaje neotestamentario clásico sobre esta verdad. Pablo escribió: "Con Cristo estoy juntamente crucificado". Esta parte habla de la muerte. Luego explicó: "y ya no vivo yo, mas vive Cristo en mí". Cuando usted recibió a Jesucristo como su Salvador, Él vino a vivir dentro de usted, y esa es la *vida* presente en la vida cristiana. Jesús no luchará con nosotros; mientras nuestra carne quiera tener el control, lo tendrá.

LA TRANSFORMACIÓN PERSONAL EN CUATRO PALABRAS

Durante muchos años he enseñado que el evangelio se puede resumir en cuatro palabras: *Jesús en mi lugar*. Más recientemente, he entendido que el plan de Dios para la santificación puede resumirse también en cuatro palabras: *No yo, sino Cristo*. Este es el mensaje de Gálatas 2:20. Ahí radica el poder para cambiar.

Usted acude a Cristo cuando se da cuenta de que no puede hacer absolutamente nada para salvarse. A Dios no le interesan nuestros esfuerzos. Dios solamente quiere que nos arrepintamos de nuestro pecado y recibamos a Cristo por fe. "No puedo hacerlo solo". Así es cómo usted acude a Cristo.

Ahora bien, ¿cómo *crece* en Cristo? ¡De la misma manera! "Por eso, de la manera que recibieron a Cristo Jesús como Señor, vivan ahora en él" (Col. 2:6, NVI). Es la misma entrega completa de todas mis fuerzas. Sin embargo, ¡cuántos de nosotros hemos vivido la vida agotadora, y hemos dicho: "Muy bien, me has salvado. No puedo hacer eso. Me has perdonado. Tampoco puedo hacer eso. Pero ahora, apártate de mi camino. Voy a vivir esta vida cristiana"! ¡Es agotador!

NIÑOS, NO HAGAN ESTO EN CASA

¿Ha visto esos alocados programas televisivos donde la gente salta de edificios, traga fuego, lucha con animales salvajes, etc.? Inevitablemente, con ese tipo de programas, oirá las famosas palabras: "Niños, estos hombres y mujeres son profesionales. No hagan esto en casa". Yo siempre me río cuando oigo esto, y me pregunto: "¿Qué tipo de loco intentaría hacer por su cuenta lo que hace esa gente?".

En 1 Tesalonicenses 5 encontramos una lista bastante exhaustiva de cosas que los cristianos deben hacer y las que no: "Estén siempre alegres, oren sin cesar, den gracias a Dios en toda situación… No apaguen el Espíritu, no desprecien las profecías, sométanlo todo a prueba, aférrense a lo bueno, eviten toda clase de mal" (vv. 16-22, NVI). Empezamos a leer una lista como esta y pensamos: "¡No hay *manera* de que pueda hacer todo eso!".

Afortunadamente, Pablo concluyó la lista de conductas correctas para los cristianos con una especie de "niños, no hagan esto en casa": "Que *Dios mismo*, el Dios de paz, *los santifique*… El que los llama es fiel, y así *lo hará*" (1 Ts. 5:23-24, NVI). Dios no solo me llama a hacerlo; lo hará si me quito de en medio.

Cuando usted estudie el Nuevo Testamento teniendo en mente esta verdad, le sorprenderá cuántas descripciones de cosas que los cristianos deberían hacer van seguidas o precedidas de esa advertencia, una especie de "niños, no hagan esto en casa". Esta es la vida intercambiada, cuando permitimos que Cristo viva su vida por medio de nosotros. Otros versículos bíblicos que puede estudiar y que describen la vida intercambiada incluyen Juan 15:1-5; Romanos 5:10; 6:5; 8:10; 2 Corintios 2:14; 4:10; Filipenses 4:19; Colosenses 1:27; 2:6; 3:3.

EXPERIENCIAS QUE CAMBIAN VIDAS

Mi esposa Kathy y yo hemos trabajado en la iglesia Harvest Bible Chapel desde que la fundamos en octubre de 1988 tras graduarme del seminario. Ha sido una experiencia emocionante, fructífera y satisfactoria, pero también difícil y extenuante. Cuando se acercaba el décimo aniversario de nuestra iglesia, los ancianos acordamos que sería beneficioso que nosotros y la misma iglesia disfrutásemos de un tiempo prolongado para vivificar y renovarnos. Teniendo en mente ese objetivo, en la primavera de 1998 nos fuimos a disfrutar de un descanso sabático de tres meses. Gracias a la generosidad de nuestra iglesia, pudimos repartir ese tiempo a partes iguales entre Inglaterra, Escocia y Francia. Al principio no sabía qué hacer con todo ese tiempo, pero estaba seguro de una cosa: cuando volviera a casa, sería otro hombre. Tenía que encontrar una manera de servir a Cristo con la misma pasión, pero con una nueva fuente de energía.

PUNTO DE INFLEXIÓN #1

Un poco de trasfondo le ayudará a comprenderme. En el momento en que escribo esto, más de tres mil personas asisten cada semana a la iglesia Harvest Bible Chapel, y hay más de cuarenta miembros del personal sirviendo en los diversos ministerios. De 1988 a 1992 la iglesia pasó de nuestro grupo originario de 18 personas a aproximadamente 300. Durante esos primeros años, Dios tuvo que enseñarme varias lecciones difíciles sobre mi propia versión de la carne, y sobre cómo esta afecta a las personas. Mi compromiso con la verdad fue inquebrantable, pero mi capacidad de expresarla con amor dejaba algo que desear. (La gente estaba bastante dispuesta a señalarlo). Francamente, estaba motivado a construir una gran iglesia, a hacer algo emocionante para Dios, a marcar una diferencia en las vidas de las personas. Alabado sea Dios; no desatendí a mi familia, pero a veces fui duro con algunas de las personas que trabajaron conmigo, y mi agresividad hizo que algunos dejaran el ministerio meneando la cabeza.

Lo que llegué a entender, por medio de diversas experiencias dolorosas, fue que a Dios le interesaba más trabajar en mí que trabajar por medio de mí. Enero de 1992 fue un punto de inflexión para mí respecto a mi comprensión de que la formación de mi carácter tenía que ser la meta número uno en mi vida. Los cambios no vinieron de inmediato, pero, mirando atrás, desde aquel día en mi ministerio se ha dado un equilibrio constante y creciente entre la verdad y el amor.

Desde aquella lección clave en 1992, Dios ha hecho que mi ministerio tenga abundante fruto, y ha bendecido a mi iglesia. Durante esos ocho años nuestra iglesia ha multiplicado por diez su membresía, empezamos un ministerio de radio que crece exponencialmente y muchos acuden a Cristo. En las ocho semanas anteriores a escribir este capítulo, hemos visto a más de 170 adultos bautizados en nuestra iglesia, la mayoría recién convertidos a Cristo.

PUNTO DE INFLEXIÓN #2

Estaba claro que el ministerio daba el tipo de fruto que alegraría a cualquier pastor, sin embargo yo no estaba contento, y aquello me preocupaba. Siempre había sabido *a quién servía*, a Jesucristo el Señor. De modo que pensé que, una vez solucionado *cómo servir* (encontrar el equilibrio entre la verdad y el amor), todo iría sobre ruedas. Empecé mi periodo sabático sin imaginar ni por un instante que Dios tenía preparado otro punto de inflexión igual de dramático sobre el tema de *quién sirve realmente*.

Recuerdo lugares concretos donde el Señor me habló con más claridad que en otros momentos de mi vida. "Tú no puedes vivir la vida cristiana, solo yo puedo hacerlo. Deja de intentarlo y de fracasar, y déjame que yo lo consiga".

Durante esa época encontré un libro que me impactó más que todos los que había leído hasta entonces. Se titula *The Saving Life of Christ* [La vida salvadora de Cristo]. Lo escribió en 1960 el mayor Ian Thomas, evangelista y fundador de los centros de conferencias y de las escuelas Torchbearers. Muchas de las verdades que lee usted aquí son el resultado de lo que leí en aquel libro y en otros a los que me condujo, el más importante de los cuales fue la Biblia, vista con una mirada nueva.

El 12 de julio de 1998, mientras estaba en Inglaterra reflexionando sobre las ideas de Thomas, escribí esta oración al pie de una página: "Señor, *¡soy tan débil!* Cada día de esfuerzos fallidos para vivir una vida santa es doloroso, y me demuestra mi fracaso. Pero hoy me vuelvo como nunca antes a ti, solo a ti. Cristo en mí. Muero a mí mismo por fe, y hoy, Señor, confío en ti para que vivas tu vida por medio de mí".

Son palabras sencillas, pero un punto de inflexión muy poderoso en mi vida. Se lo recomiendo ahora mismo: la vida intercambiada. Esta sencilla verdad ha cambiado por completo mi vida, y puede cambiar también la suya.

LA VIDA CON PODER

FORTALECIDOS POR EL ESPÍRITU

Aquí tenemos otra imagen bíblica sobre la procedencia del poder para cambiar. Llamémosla la *vida con poder*. Si sigue leyendo el libro de Romanos, llegará al capítulo 8, donde Pablo amplió algo que solo había mencionado en Romanos 7. Empezando en Romanos 8:2, el apóstol repitió una palabra clave que indica la fuente de una vida poderosa en Cristo.

Porque la ley del *Espíritu* de vida en Cristo Jesús me ha librado de la ley del pecado y de la muerte... para que la justicia de la ley se cumpliera en nosotros, que no seguimos los pasos de nuestra carne, sino los del *Espíritu*... los que son del Espíritu, [piensan] en lo que es del *Espíritu*... además, los que viven según la carne no pueden agradar a Dios. Pero ustedes no viven según las intenciones de la carne, sino según el *Espíritu*, si es que el *Espíritu* de Dios habita en ustedes... el cuerpo está en verdad muerto a causa del pecado, pero el *espíritu* vive a causa de la justicia. Y si el *Espíritu* de aquel que levantó de los muertos a Jesús vive en ustedes, el que levantó de los muertos a Cristo Jesús *también dará vida* [poder] *a cuerpos mortales por medio de su Espíritu que vive en ustedes*... si dan muerte a las obras de la carne por medio del *Espíritu*, entonces vivirán. (Ro. 8:2, 4-5, 8-11, 13, RVC)

¿Lo ve? Espíritu... Espíritu... Espíritu... Espíritu. Si usted quiere saber exactamente qué significa "Cristo en mí", es el Espíritu Santo. No podemos cambiarnos a nosotros mismos. Por nuestra cuenta, no podemos ser como Jesús. Hasta que no dejemos que Jesús actúe por su Espíritu, acabaremos agotados.

Permítame parafrasear el sencillo mandamiento de Jesús a sus discípulos justo antes de partir de este mundo. Jesús les dijo: "Muchachos, me voy. ¡Pero esperen! No vayan *a ninguna parte*. No prediquen sermones. No evangelicen; ¡no *hagan* nada! Simplemente, entren en una habitación y esperen al Espíritu Santo. Porque si intentan hacer estas cosas sin que mi Espíritu Santo los controle, lo van a estropear todo. Les he capacitado a ustedes durante tres años, y si se limitan a esperar al Espíritu Santo todo irá muy bien, pero si intentan hacer las cosas en sus propias fuerzas, ¡todo irá mal, y rápido!". Creo que esta es una expresión precisa del contexto y el significado de lo que dijo Jesús en Hechos 1:8: "Pero cuando venga sobre ustedes el Espíritu Santo recibirán poder, y serán mis testigos" (RVC).

QUÉ SIGNIFICA SER LLENOS DEL ESPÍRITU

Efesios 5:18 dice: "No se emborrachen con vino, que lleva al desenfreno. Al contrario, sean llenos del Espíritu" (NVI). El término griego para "llenos" significa *controlados, embriagados, empapados, totalmente influidos*. Para comprender qué significa un término bíblico, fíjese en cómo se usa en otros pasajes de la Biblia. La misma palabra se usa en Lucas 4:28, donde se dice que las personas que se enfurecían por la enseñanza de Jesús "se llenaron de ira". En Hechos 13:45, algunos de los judíos, resentidos por el ministerio de Pablo y Bernabé, "se llenaron de celos". La palabra significa *estar dominado por un poder mayor que el propio*. Estar controlado; "llenos" significa eso.

Hace unos años estaba jugando al baloncesto con unos amigos y sujetaba la pelota con técnica ofensiva, intentando hacer una jugada mientras el defensor intentaba golpear la pelota para arrebatármela. En una fracción de segundo, justo cuando desplazaba la pelota hacia la derecha, él hizo amago de atraparla donde había estado antes, y me metió el dedo anular en el ojo hasta la segunda falange. ¡Qué dolor! Me sentí como si fuera un globo ocular gigante. Caí al suelo, dejé de existir. Estaba *lleno* de dolor.

También sé lo que significaba estar lleno de alegría. El día en que me casé con Kathy, recuerdo haber visto a mi hermosa novia sentada en el asiento trasero de un descapotable mientras se dirigía al lugar donde se celebraba la boda. El sol brillaba y los rostros relucían en aquella boda al aire libre. Aún veo a Kathy ahora, avanzando por el pasillo a mi encuentro. Nunca habrá otro día como ese.

Ese día desbordó mi marcador de alegría… o eso pensaba yo hasta que nacieron nuestros hijos. Aunque mi hijo mayor ya tiene trece años, al echar la vista atrás recuerdo el momento en que llegó al mundo cada uno de mis tres hijos, cuando los tomé en mis brazos por primera vez. Si alguna vez ha experimentado eso, sabrá lo que significa estar lleno de alegría.

La plenitud del Espíritu Santo se parece mucho a ser llenos de dolor o de alegría. Significa ser superados por un poder mayor que uno mismo, y ser controlados por él.

CUATRO VERDADES
SOBRE LA PLENITUD DEL ESPÍRITU

Efesios 5:18 dice: "No se emborrachen con vino… Al contrario, sean llenos del Espíritu" (NVI). En este breve versículo de la Palabra de Dios encontramos cuatro verdades esenciales:

1. *La plenitud es un mandamiento.* Dios no hace sugerencias del estilo: "Si tiene tiempo debería pensar en ser lleno del Espíritu". Es un mandamiento, "sean llenos", y como Dios lo ordena, es posible. En ningún pasaje de las Escrituras se nos ordena que el Espíritu nos habite, nos bautice o nos selle, porque esas cosas

nos suceden cuando nos convertimos, pero sí se nos ordena que "seamos llenos". Es un mandato.

2. *La plenitud es pasiva.* Nosotros no nos encargamos de la plenitud: somos el objeto sobre el que otro actúa. Dios participa como fuente de la plenitud. Dios se encarga del proceso cuando se lo pedimos. No podemos hacerlo solos.

3. *La plenitud es para todos.* En el griego dice literalmente: "*todos ustedes*, seguidores de Jesús, sean llenos del Espíritu". Esta plenitud es para todo creyente. No es para una élite espiritual, ni para determinadas personas que tienen experiencias concretas. Va destinado a todos los hijos de Dios: es para usted.

4. *La plenitud no es permanente.* Debemos ser llenos constantemente. Día tras día, llenos una y otra vez. En el Nuevo Testamento nunca vemos a un creyente a quien el Espíritu Santo bautice más de una vez. Sin embargo, sí vemos diversas plenitudes. Los creyentes en Pentecostés fueron llenos una vez (Hch. 2:4), y Pedro fue lleno una segunda vez (Hch. 4:8). Pablo fue lleno una vez, en Hechos 9:17, pero otra vez en Hechos 13:9. Por tanto, durante la conversión hay un bautismo, pero somos llenados muchas veces.

¡EMBRIAGUÉMONOS!

¡Ya sabía que esta palabra llamaría su atención! ¿No es increíble que la ilustración bíblica más frecuente para la plenitud del Espíritu Santo sea la embriaguez?

Cuando alguien está borracho, no actúa como es habitual en él o ella. Los borrachos dicen cosas que divierten, sorprenden o irritan a otros, porque no controlan su lengua. Tampoco tienen control sobre sus actos. Si la policía detiene su vehículo y les pide que avancen sobre una línea amarilla, no pueden hacerlo, porque no tienen control sobre su cuerpo. Pregúntele a un borracho algo sencillo, y no obtendrá una respuesta clara, porque no controla su mente. También pueden perder el control sobre sus emociones. Los borrachos se vuelven asustadizos, irritables y necios.

En la Biblia, ser lleno del Espíritu se asocia con la embriaguez en

tres ocasiones. (Aparte de Ef. 5:18, lea Lc. 1:15 y Hch. 2:4, 13-17).
Esto indica una cesión del control. La idea de Efesios 5:18 es *no sea
controlado por el vino*, porque este puede ser excesivo. En lugar de eso,
sea controlado por el Espíritu, porque de este nunca se tiene bastante.
Uno no puede estar demasiado lleno del Espíritu.

Puede que se pregunte: "Yo estoy en Cristo. Sé que conozco a
Cristo. ¿Por qué no estoy lleno del Espíritu? ¿Por qué no experimento
las fuerzas para cambiar que puede darme la plenitud del Espíritu?".

OBSTÁCULOS PARA LA PLENITUD
DEL ESPÍRITU SANTO

Aunque, como es obvio, Dios no es humano, sí es una persona.
Tiene unos sentimientos genuinos sobre lo que hacemos y sobre cómo
nos relacionamos con Él. El Espíritu Santo no es una fuerza ni una
influencia, sino una persona del Dios trino, igual a las otras dos.
Como tal, al Espíritu Santo le influyen nuestros actos. Concretamente, cuando nuestros actos no complacen al Espíritu Santo, limitan
en gran medida su obra en nuestras vidas. Esta es la gran epidemia de
la Iglesia en nuestros días.

Deseo de verdad que usted experimente el poder transformador
del Espíritu Santo en su vida. Sin ese poder, nunca experimentará ese
cambio por el que ha estado esforzándose. Por tanto, dediquemos un
instante a repasar la enseñanza bíblica sobre lo que hacemos que limita
la plenitud del Espíritu en nuestras vidas.

1. ENTRISTECER AL ESPÍRITU SANTO

Pablo advirtió: "No entristezcan al Espíritu Santo de Dios, con el
cual ustedes fueron sellados para el día de la redención" (Ef. 4:30, RVC).
¿Qué significa entristecer al Espíritu? El verbo griego *lupeo* significa
causar dolor o tristeza. Oswald Sanders ha escrito que "entristecer"
tiene que ver con el amor. A los enemigos podemos enfurecerlos o
frustrarlos, pero solo podemos entristecer a los seres queridos. Hasta
ese punto nos ama el Señor Jesucristo. Y cuando hacemos cosas que
Él no quiere que hagamos, entristece a su Espíritu en nosotros.

Es como si el Espíritu Santo dijera: "¿Por qué vamos ahí? ¿Por qué vemos esto? ¿Por qué has dicho eso?". Cuando tomamos el control de nuestras vidas e incumplimos las normas divinas sobre la santidad, entristecemos al Espíritu Santo y limitamos su poder transformador. No es de extrañar que no cambiemos.

2. APAGAR EL ESPÍRITU SANTO

"No apaguen el Espíritu", advirtió también Pablo (1 Ts. 5:19, NVI). Entristecer al Espíritu Santo es hacer cosas que no deberíamos haber hecho. Apagar el Espíritu es negarnos a hacer cosas que Él quiere que hagamos. Cada vez que el Espíritu Santo nos indica que nos comportemos de una manera concreta y le decimos que no, perdemos la oportunidad de ser llenos del Espíritu, y la transformación se detiene.

Como soy pastor, a menudo veo esto. Después de un culto escucho con frecuencia frases como éstas: "¡Esta mañana, Dios sí que me ha convencido de pecado! Tengo que bautizarme"; o "El Señor me ha hablado, y ahora sé que debo arreglar las cosas con mi madre"; o "Dios me ha puesto en el corazón que debo dejar de ver determinadas películas. Sé que no agradan al Señor". La próxima vez que veo a la persona, suelo sacar el tema y le pregunto si actuó en consecuencia con lo que el Señor le había dicho. Sorprendentemente, muchas veces la respuesta es que no. Eso es apagar al Espíritu.

Usted dice unas palabras a alguien, palabras que no debería haber dicho, pero que sin embargo las dice. El Espíritu de Dios habla a su corazón y le dice: "Ve a decirle que lo sientes. Arregla las cosas. Humíllate". Y usted dice: "Él me lo ha hecho otras veces. Esta no es diferente". Luego busca racionalizar el asunto para no arreglar las cosas con la persona.

Pero el Espíritu de Dios sigue diciendo: "Arregla las cosas. Humíllate. Sé el primero en dar el paso", pero usted contesta: "¡No pienso hacerlo!". Cuando se niega, apaga el Espíritu en su vida y renuncia al poder transformador del Dios Todopoderoso. Si esto sigue así durante mucho tiempo, llegará a esta tercera acción, que es muy grave: rechazar al Espíritu.

3. RECHAZAR AL ESPÍRITU SANTO

En 1 Tesalonicenses 4:3 (NVI) leemos: "La voluntad de Dios es que sean santificados". Luego, el pasaje hace una lista de todas las cosas que Dios quiere cambiar en nosotros. El versículo 8 concluye: "por tanto, el que rechaza estas instrucciones no rechaza a un hombre sino a Dios, quien les da a ustedes su Espíritu Santo".

Si hay cosas que Dios ha intentado cambiar en usted, y usted ha dicho "No, eso no lo voy a cambiar; ¡no quiero eso en mi vida!", debe tener en cuenta que esto es muy grave. Cuando entristecemos y apagamos al Espíritu durante tanto tiempo que, en esencia, hemos rechazado el ministerio del Espíritu de Dios en nuestra vida al rechazar la santificación, hemos rechazado al propio Dios.

CÓMO SER LLENOS DEL ESPÍRITU

Esta vez empezamos pronto nuestro ejercicio "Manos a la obra", como parte de la conclusión de este capítulo. Para obtener un poder verdadero para cambiar, necesitamos que el Espíritu nos llene. (Y recuerde que regularmente debe volver a llenarnos). Veamos tres pasos para ser llenos del Espíritu Santo.

1. CONFIESE TODOS SUS PECADOS CONOCIDOS.

Busque una hoja de papel y un bolígrafo y arrodíllese en un lugar tranquilo, a solas con el Señor. Empiece formulando esta oración sencilla: "Señor, sé que he estado entristeciendo y apagando a tu Espíritu, y quiero rechazar mis pecados ahora mismo. Te ruego que me traigas a la mente todas las cosas en mi vida que entristecen a tu Espíritu. Por favor, recuérdame las ocasiones en que he apagado tu Espíritu y no he seguido tus incitaciones". Tenga el bolígrafo a mano, porque el Espíritu Santo quiere llenarle de verdad, y no lo hará hasta que usted aparte las barreras. Le traerá a la mente muchas cosas: relaciones que no andan bien; pecados que ha puesto delante de Él, pero que no ha arreglado con las personas a quienes ofendió; actos y actitudes que eligió y que no eran correctos; prioridades justas que conocía, pero que se negó a seguir.

A medida que le vengan a la mente, escríbalas diciendo: "Sí, Señor. ¿Hay algo más?". Cuando complete la lista, repásela, arrepintiéndose de cada uno de los puntos concretos de la lista. Cuando lo haga, prometa al Señor que hará la obra horizontal de la restitución, arreglando las cosas con los demás.

2. *PIDA AL ESPÍRITU SANTO QUE LE LLENE.*

Me encanta lo que dijo Jesús en Lucas 11:9-10 (RVC): "Así que pidan, y se les dará. Busquen, y encontrarán. Llamen, y se les abrirá. Porque todo aquel que pide, recibe; y el que busca, encuentra; y al que llama, se le abre". Y luego Jesús dice: "¿Quién de ustedes, si su hijo le pide pan, le da una piedra?". ¿Tiene usted hijos? Estoy seguro de que los ama, ¿verdad? Apuesto a que si uno de sus hijos se le acercase y le dijera: "Papá, ¿me das un poco de pan?", usted no le diría: "Claro, ven a la cocina y te daré un trozo"; y cuando llegue a la cocina, exclamaría: "¡Ja, ja, te engañé! ¡Es una piedra!".

Usted dirá: "Eso es *despreciable*. ¿Qué padre haría algo así?".

Y esa es la idea de Jesús: "Pues si ustedes, que son malos, saben dar cosas buenas a sus hijos, ¡cuánto más el Padre celestial dará el Espíritu Santo a quienes se lo pidan!" (Lc. 11:13, RVC). ¿No es una promesa magnífica? Así es Dios. Si nosotros sabemos dar cosas buenas a las personas a las que amamos, ¿cree que nuestro Padre amante no sabe cómo hacerlo? Pues déjeme decirle que sí sabe.

Confiese todos sus pecados conocidos y luego pídale: "Señor, lléname de tu Espíritu hoy". Ore así todos los días. "Señor, lléname de tu Espíritu hoy".

3. *CREA QUE HA RECIBIDO LA PLENITUD DEL ESPÍRITU.*

Crea que ya ha recibido la plenitud del Espíritu y empiece a "andar en el Espíritu" (Gá. 5:16), sometiéndose a su control un instante tras otro. Jesús dijo: "Por eso les digo: Crean que ya han recibido todo lo que estén pidiendo en oración, y lo obtendrán" (Mr. 11:24, NVI). Por tanto, si ora diciendo "Señor, lléname de tu Espíritu", pero al mismo tiempo se dice "Esto no funcionará. Es un intento entre muchos...", Dios no le concederá su petición. Tiene que creer que Dios desea realmente llenarle de su Espíritu.

No permita que su corazón se llene de incredulidad. Crea que tiene al alcance de su mano el poder sobre el que hemos aprendido en este capítulo.

Así que, amado o amada, (1) confiese todos sus pecados conocidos; (2) pida a Dios que le llene de su Espíritu; (3) crea que ha recibido la plenitud del Espíritu. Y entonces... ¡prepárese para experimentar el poder transformador de Dios!

PREGUNTAS DEL MAESTRO

1. ¿Por qué es esencial que intercambiemos nuestra vida por la de Cristo? Explíquelo basándose en Gálatas 2:20.
2. ¿Con qué frecuencia debemos ser llenos del Espíritu? ¿Qué significa esto?

PREGUNTAS DEL PROFETA

1. ¿Cómo sabemos si estamos llenos del Espíritu Santo, según Romanos 8:14-17? ¿Cuál de estas características es más frecuente en usted (y cuál es la más infrecuente)?
2. ¿De qué maneras ha obstaculizado la obra del Espíritu o le ha entristecido recientemente (durante el último año)?

PREGUNTAS DEL PASTOR

1. ¿En qué sentidos se identifica con la descripción de la vida cristiana agotadora descrita en la página 152?
2. ¿Cómo le anima el poder prometido del Espíritu Santo para intentar cambiar personalmente?

MANOS A LA OBRA

La última sección de este capítulo, "Cómo ser llenos del Espíritu", fue su ejercicio "Manos a la obra", de modo que ya debería haberlo hecho. Si no ha hecho las tres cosas que le pedíamos en esta sección, hágalas antes de seguir adelante.

¡ALCE LA VISTA!

Esta vez póngase de rodillas, y ore en voz alta. Quizá quiera abrir las manos delante de usted como símbolo de su disposición para recibir.

Amado Padre celestial:

Admito que he estado viviendo la vida cristiana agotadora, procurando mantener en el aire todas las pelotas. He sentido el dolor de ver cómo se caían al suelo. Señor, perdóname por esto. Perdóname por pensar que te necesitaba para salvarme, pero no para cambiarme, que puedo cambiar con mis propias fuerzas. Señor Jesús, sé que no es así.

Hoy elijo por mí mismo la vida intercambiada. "Con Cristo estoy juntamente crucificado, y ya no vivo yo, sino que tú vives en mí". Admito estas verdades delante de ti. Suplico y acepto tu perdón, y te pido que ahora me llenes de tu Espíritu Santo.

Vive tu vida en mí, hoy. Hazme el hombre [o la mujer] que quieres que sea para la honra y la gloria de tu nombre. Te lo ruego en el nombre precioso de Jesús. Amén.

NOTA

1. Charles Price, *Christ for Real* (Grand Rapids: Kregel, 1995).

9 EL PODER DE LA FE

CONCEPTO CLAVE:
Experimentamos el cambio personal solo cuando
ponemos nuestra fe en la verdad de la Palabra de
Dios; el mero conocimiento de la Palabra no basta.

Hace más de un siglo, Charles Blondin se convirtió en un vecino famoso de Niagara Falls, Ontario. Blondin fue una especie de precursor de Evel Kneivel. En vez de saltar con motocicletas a través de abismos impresionantes, se dedicaba a cruzarlos a pie... sobre una cuerda floja. Su paseo favorito estaba muy cerca de su casa. Una semana tras otra, en 1860, Blondin se presentaba en las cataratas y anonadaba a los visitantes de ambas orillas al cruzar por encima de las cataratas, caminando o dando saltitos sobre la cuerda.

Supongo que al cabo de unas cuantas semanas el interés empezó a decaer, de modo que una mañana Blondin sorprendió a los espectadores diciendo que el siguiente sábado por la mañana cruzaría las cataratas empujando a un hombre subido en una carretilla. Si usted nunca ha estado en las cataratas del Niágara, no entenderá bien la magnitud de este anuncio. Las cataratas del Niágara son un espectáculo asombroso; cada segundo caen unos 2.800 metros cúbicos de agua. Las cataratas Horseshoe (o Catarata Canadiense) tienen 46 metros de altura y una anchura de 800 metros, y las American Falls (o Catarata Americana) miden 51 metros de alto y 300 metros de ancho. Aunque desde cierta distancia las cataratas son muy hermosas, uno se asombra más por el tremendo poder y peligro que suponen que por su aspecto. Sea como fuere, la ciudad se pasó toda la semana expectante tras recibir la noticia de lo que pretendía hacer Blondin.

Por fin llegó la mañana, y Blondin se detuvo en una cafetería local para desayunar (¡qué valor!) de camino a las cataratas. Cuando entró, escuchó a unos hombres que charlaban animadamente, y se acercó para enterarse mejor qué pasaba.

"¡Yo *creo* que puede hacerlo!", gritaba un hombre que daba la espalda a la puerta. "Garantizo que puede. De hecho, apuesto a cualquiera de los presentes 100 dólares a que Blondin puede cruzar las cataratas con toda seguridad, empujando a un hombre subido a una carretilla".

Imagine la sorpresa de aquel hombre cuando Blondin le dio unos golpecitos en el hombro y le dijo: "Me alegro de que tenga usted tanta fe en mí, porque necesito a alguien que se suba a la carretilla".

¿Cree que aquel hombre se subió? ¡Claro que no! *Pero dijo que creía.*

Este es el problema de nuestros tiempos. Muchas personas dicen que creen la Palabra de Dios, pero cuando llega el momento de "subirse a la carretilla", se niegan; por tanto, ¡no creen! La fe consiste en subirse a la carretilla. La fe es apostar la vida y la felicidad por la verdad de Dios. Hacer menos que eso es mero sentimiento; no salva, y sin duda alguna tampoco transforma.

A menudo se me acercan personas que me dicen: "¡Ay, pastor, estoy pasando por... !" o "Tengo una gran lucha con...", y luego añaden algo que viene a decir que "la vida cristiana es muy ardua, es muy difícil". En los últimos años siempre respondo a este tipo de declaraciones así: "No, se equivoca. La vida cristiana no es difícil, es *imposible*". Sí, eso he dicho,

VIVIR COMO CRISTO NO ES DIFÍCIL, ¡ES IMPOSIBLE!

Un día tras otro nos enfrentamos a los bombardeos del Enemigo, y no nos damos cuenta de que, por nuestra cuenta, tenemos tan pocas posibilidades de obtener la victoria como una bola de nieve en el infierno. Lo repito: vivir como Cristo no es difícil, es imposible.

Por eso buscamos poder. "Y los que viven según la carne no pueden agradar a Dios", declaró el apóstol Pablo (Ro. 8:8). ¿Cómo podríamos decir más claro que por nosotros mismos no tenemos recursos para seguir a Cristo? No tenemos fuerzas para ser como Cristo. No tenemos energías para servir a Cristo o para guiar a nuestras familias como Dios lo desea. Seguro que su propia experiencia verifica el hecho de que la mera fuerza de voluntad no puede vencer el pecado. Lo repito una vez más: por nuestra cuenta, *vivir como Cristo no es difícil, es imposible.*

NOS ESPERA UN GRAN PODER

PERO...

A medida que estudio más y más la Biblia, me encanta la palabra "pero". Es una palabra de contraste poderosa, y a menudo aparece después de malas noticias en la Biblia. Pero... la Biblia es un libro de buenas noticias, de modo que la palabra "pero" a menudo constituye una especie de vínculo entre las malas y las buenas noticias. En otro momento me encantaría compartir con usted los "peros" más grandes de las Escrituras, pero por ahora nos centraremos en uno poderoso que se encuentra en Romanos 8:9.

La primera palabra después de Romanos 8:8 es "pero": "además, los que viven según la carne no pueden agradar a Dios. Pero ustedes no viven según las intenciones de la carne, sino según el Espíritu" (vv. 8-9, RVC). ¡El Espíritu de Dios está listo para darle poder para cambiar! Romanos 8:10 sigue diciendo: "Pero si Cristo está en ustedes, el cuerpo está en verdad muerto a causa del pecado..." (lo cual significa que su cuerpo no tiene la capacidad de luchar contra el pecado), "... pero el espíritu vive a causa de la justicia".

¡Ahí está el poder! El motivo de que tengamos este Espíritu vivificador en nosotros es para impulsar la justicia que Dios intenta producir en nosotros.

¿CUÁNTO PODER?

Quizá usted piense para sí: "Pero, ¿de cuánto poder estamos hablando exactamente?". El versículo 11 nos da la respuesta: "Y si el Espíritu de aquel que levantó de los muertos a Jesús vive en ustedes, el que levantó de los muertos a Cristo Jesús también dará vida a sus cuerpos mortales" (RVC). El mensaje de Pablo, en esencia, era este:

"¿Quiere saber cuánto poder ha puesto Dios a su disposición para cambiarle? ¡Mire la mañana de Pascua! El tipo de poder que levantó a Jesucristo de la tumba, la mayor victoria que se haya obtenido jamás, es el mismo poder que habita en usted".

¿Por qué es éste el poder *más grande*? Es el más grande porque se utilizó contra el mayor enemigo, Satanás; porque abordó el máximo problema, el pecado; porque conllevó el máximo sacrificio, la muerte del propio Hijo de Dios en una cruz; y porque se pagó el precio más elevado: la preciosa sangre de Cristo.

¿Quiere saber qué tipo de poder está a su disposición para ayudarle a cambiar? ¡Es el mismo poder que levantó a nuestro Salvador de entre los muertos! Usted dirá: "Pastor James, ¿realmente cree que el poder de la resurrección de Jesucristo está disponible para ayudarme a ser la persona que Dios quiere que sea?... ¿Disponible ahora mismo, en este preciso instante, para fomentar mi victoria?". Sí, realmente lo creo.

Vuelva a leer el versículo 11. "Y si el Espíritu de aquel que levantó de los muertos a Jesús vive en ustedes... [Él] dará vida a sus cuerpos mortales". Esos cuerpos son suyos y míos; son cuerpos que no pueden obtener la victoria sobre nada. "El que levantó de los muertos a Cristo Jesús también dará vida a sus cuerpos mortales por medio de su Espíritu que vive en ustedes". ¡Qué gran promesa! El poder para cambiar llega a nosotros del Espíritu de Dios.

¿QUIÉN HA APAGADO LA LUZ?

Tristemente, la mayoría de cristianos estaría de acuerdo en que *entender* el poder del Espíritu está a millones de kilómetros de *experimentarlo* personalmente. Quizá usted se sienta como me sentía yo. "¿Por qué siempre oigo hablar del poder del Espíritu Santo pero no lo experimento? ¿Hay algún interruptor? ¿Hay alguna habitación en algún lugar donde pueda ir y activar el proceso?". Una buena pregunta. Aquí está la respuesta:

LA FE ES EL INTERRUPTOR QUE ACTIVA EL PODER DEL ESPÍRITU SANTO.

El interruptor que activa el poder del Espíritu Santo es la fe (He. 4:2). Me gusta ir de acampada, y mi lugar favorito es Algonquin Park, en el norte de Ontario, Canadá. Allí uno dispone de cientos de kilómetros cuadrados de naturaleza, sin electricidad ni agua corriente. Ni siquiera permiten entrar en el parque con latas ni botellas. Por las noches, el parque está tan oscuro que no se ve ni una mano puesta delante de la cara, de modo que siempre nos llevamos una linterna realmente buena.

Ahora imagine que yo voy dando trompicones por un sendero, de noche, buscando un lugar donde satisfacer el tipo de necesidad que hace que uno vaya por un sendero de montaña en mitad de la noche. Imagine que llevara la linterna, pero por algún motivo me negase a encenderla. Imagine que me paso horas, tropezando aquí y allá, en busca del lugar adecuado, mientras me pican los mosquitos y me rasguño las piernas.

"¡Qué absurdo!", dirá usted. "Lo único que tiene que hacer para ahorrarse esa frustración es encender la linterna. ¡Pulse el interruptor!". ¡Correcto! Y lo único que tenemos que hacer para "encender" el poder del Espíritu de Dios en nuestro ser es ejercer nuestra fe. La fe es el interruptor que activa el poder del Espíritu Santo.

"Porque también a nosotros se nos ha anunciado la buena nueva como a ellos; pero *no les aprovechó el oír la palabra, por no ir acompañada de fe* en los que la oyeron" (He. 4:2). Esta verdad es aplicable a algo más que al evangelio. El modo en que acudimos a Cristo es también el modo en que le seguimos: "Por tanto, vivan en el Señor Jesucristo de la manera que lo recibieron" (Col. 2:6, RVC). Cada paso con Dios es un paso de fe.

Esta verdad es la más importante de todo este libro, porque si usted no combina con la fe todo lo que está aprendiendo, no supondrá absolutamente ninguna diferencia en su vida. *¡A menos que ejerza su fe en relación con estas verdades, no cambiará!* Es posible que entienda muy bien cómo cambiar siguiendo el plan de Dios, pero no cambiará. Todos conocemos a personas que tienen la mente repleta de información sobre la Biblia, pero que no se parecen en nada a Cristo. No consiste en conocer la verdad; ese es el punto de partida, pero no acaba ahí. Usted debe tomar lo que sabe y combinar la verdad con la fe.

Me gusta la traducción que hace la Reina Valera Contemporánea de Hebreos 4:2: "de nada les sirvió a ellos el oír esta palabra porque, cuando la oyeron, no la acompañaron con fe". Usted no es diferente por el hecho de saber; es diferente porque opta hacerlo *por fe*. A menos que añada fe a las verdades que aprende, este libro no le servirá de nada. Soy consciente de que esta afirmación es muy dura, de modo que permítame respaldarla con la Palabra de Dios.

LA FE Y UNA VERDAD CLAVE

LA VERDAD CLAVE: CREADOS PARA HONRAR AL CREADOR

La verdad fundamental de la Biblia es la gloria de Dios. La Biblia nos enseña que usted y yo existimos, que este sistema solar existe, y que este mundo existe para manifestar la gloria de Dios. Fuimos creados para Él. Él no es *para* nosotros; nosotros somos para *Él*. (cp. Sal. 19:1; Is. 43:7).

El tema central de la Biblia es la obra redentora de Cristo como única esperanza para una humanidad caída. Génesis, el primer libro de la Biblia, describe el problema. Los libros históricos del Antiguo Testamento describen la inutilidad de intentar cumplir la ley de Dios sin la obra del Redentor. Los profetas predijeron la venida del Redentor. Los Evangelios registran su vida sin pecado y su muerte expiatoria, así como su resurrección. Hechos y las epístolas detallan la extensión del mensaje del Redentor, y el libro de Apocalipsis habla del día en que Cristo regrese para completar el proceso de redención. Cristo como Redentor es el tema central de la Biblia.

LA FUENTE CLAVE: LA FE

Por consiguiente, *el mensaje urgente de la Biblia es que solo podemos acceder a los beneficios del Redentor por medio de la fe.* Todas las cosas buenas que Dios quiere darle están mediadas por la fe. La fe es el interruptor. Este es el mensaje urgente de toda la Biblia: Dios quiere darnos muchas cosas buenas, pero ninguna está disponible si no es por medio de la fe.

Hebreos 11 contiene un tratamiento exhaustivo de esta verdad. "Sin fe es imposible agradar a Dios" (v. 6). Es un mensaje directo. ¿Quiere ser un marido santo? Eso complacería a Dios, pero sin fe es imposible. ¿Quiere ser un trabajador concienzudo? Eso agradaría a Dios, pero sin fe es imposible. ¿Quiere ser obediente al Señor mediante sus diezmos y ofrendas? Eso le complacería, pero sin fe es imposible. ¿Quiere ser misionero y servir a Cristo hasta los confines del mundo? Eso le gustaría a Dios, pero sin fe es imposible. ¿Quiere que Dios cambie su carácter? ¿Quiere parecerse más a Cristo? ¿Quiere que Él transforme su persona? Sin duda eso sería del agrado de Dios, *¡pero sin fe es imposible!*

La fe afecta a *todas las cosas*. De hecho, podemos decir:

¡**NADA** PUEDE HACERSE SIN FE!

¿Qué significa esto? La idea central de Hebreos 11 es enseñarnos la necesidad universal de la fe. No debe tener un cajón separado para las cosas "que no son de Dios". No hay *nada* que no tenga relación con la fe. La fe tiene que ver con *todo* lo que le rodea. ¡No es posible que usted soporte una carga que no exija la fe para obtener la victoria! *Nada puede hacerse sin fe.*

LA FE EN EL ANTIGUO TESTAMENTO

LA FE DE LOS PATRIARCAS

Hebreos 11 es la historia condensada de la fe en el Antiguo Testamento. Los escritores de la Biblia siguen golpeando el mismo clavo una y otra vez, y eso me gusta… porque tengo la cabeza un tanto dura. A ver si detectamos la repetición. El versículo 4 nos dice que "Por la fe Abel ofreció a Dios más excelente sacrificio que Caín". ¿Cómo lo hizo? *Por la fe.* Veamos lo que dice el versículo 5: "Por la fe Enoc fue traspuesto para no ver muerte". ¡Vaya! ¡Qué experiencia espiritual más increíble! ¿Cómo sucedió? "Por la fe." Fíjese en el versículo 7: "Por la fe Noé, cuando fue advertido por Dios acerca de cosas que aún no se veían, con temor preparó el arca en que su casa se salvase". ¡Bien hecho, Noé! ¿Cómo lo hiciste? "Por la fe", dicen las Escrituras.

En el versículo 8 leemos: "Por la fe Abraham, siendo llamado, obedeció para salir al lugar que había de recibir como herencia; y salió sin saber a dónde iba".

"Eso debió de exigir una buena dosis de valor. ¿Cómo lo hiciste, Abraham?". "Por la fe", responden las Escrituras.

En el versículo 11: "por la fe también la misma Sara [que luchaba con su infertilidad, como muchos matrimonios parecen hacerlo hoy] recibió fuerza para concebir fuera del tiempo de la edad".

"¿Cómo hiciste eso, Sara?". "Por la fe".

Ahora empiece a decirlo en voz alta. La lista sigue y sigue; Abraham, Isaac y Jacob (vv. 17-21). "Por la fe... por la fe... por la fe".

LA FE DE MOISÉS

Cuando nació Moisés, "fue escondido por sus padres por tres meses" (uno de mis relatos bíblicos favoritos, v. 23). Eso también se hizo "por la fe". Entonces Moisés siguió el modelo de sus padres: "*Por la fe* Moisés... rehusó llamarse hijo de la hija de Faraón" (v. 24). Seguro que hay muchos padres que se preguntan: "¿Elegirá mi hijo o hija estar en el mundo o en la Iglesia siguiendo a Cristo?".

El texto sigue diciendo que Moisés "escogió ser maltratado con el pueblo de Dios, que gozar de los deleites temporales del pecado, teniendo por mayores riquezas el vituperio de Cristo que los tesoros de los egipcios; porque tenía puesta la mirada en el galardón. *Por la fe* dejó Egipto... *Por la fe* celebró la pascua... *Por la fe* pasaron el Mar Rojo..." (vv. 25-29).

Estas victorias por la fe continuaron en la Tierra Prometida. "*Por la fe* cayeron los muros de Jericó después de rodearlos siete días. *Por la fe* Rahab la ramera no pereció juntamente con los desobedientes, habiendo recibido a los espías en paz" (vv. 30-31).

UNA FE ABUNDANTE

Luego el pasaje aborda el tema de la fe con un ritmo muy acelerado:

¿Y qué más digo? Porque el tiempo me faltaría contando de Gedeón, de Barac, de Sansón, de Jefté, de David, así como de Samuel y de los profetas; que *por fe* conquistaron reinos, hicieron justicia, alcanzaron promesas, taparon bocas de leones, apagaron fuegos impetuosos, evitaron filo de espada, sacaron fuerzas de debilidad, se hicieron fuertes en batallas, pusieron en fuga ejércitos extranjeros. Las mujeres recibieron a sus muertos mediante resurrección; mas otros fueron atormentados, no aceptando el rescate, a fin de obtener mejor resurrección. Otros experimentaron vituperios y azotes, y a más de esto prisiones y cárceles. Fueron apedreados, aserrados, puestos a prueba, muertos a filo de espada; anduvieron de acá para allá cubiertos de pieles de ovejas y de cabras, pobres, angustiados, maltratados; de los cuales el mundo no era digno; errando por los desiertos, por los montes, por las cuevas y por las cavernas de la tierra. Y todos éstos, aunque alcanzaron buen testimonio *mediante la fe...* (vv. 32-39).

¿Ve cómo la fe no es una *parte* de la vida cristiana, sino su *totalidad*? La fe no es: "Otra cosa más que necesita en su arsenal espiritual. Tenga la fe a mano para cuando la necesite. Es importante". ¡No! La fe no es una *parte* de la vida cristiana. Es su totalidad: ¡la fe! Es esencial para cualquier persona que se tome en serio el cambio.

LA FE EN EL NUEVO TESTAMENTO

LA FE EN LOS EVANGELIOS

Veamos algunos versículos de los Evangelios. "Entonces les tocó los ojos, y les dijo: 'Que se haga con ustedes conforme a su fe'" (Mt. 9:29, RVC). La idea es que el lugar en que estemos de nuestras vidas y las experiencias que tengamos (ya sea el gozo y la victoria, o la tristeza y la derrota) dependen de la medida de nuestra fe.

"Entonces respondiendo Jesús, dijo: Oh mujer, grande es tu fe; hágase contigo como quieres. Y su hija fue sanada desde aquella hora" (Mt 15:28). ¿Necesita sanidad en su vida? ¡Tenga fe!

Dios sigue sanando a las personas hoy, pero hemos de evitar caer en uno de dos extremos. Parte de la Iglesia se ha descontrolado y piensa que todo el mundo se sana; a pesar de que el propio apóstol

Pablo no fue sanado nunca (vea 2 Co. 12:8-10). La otra mitad cae en el escepticismo: "Dios ya no obra así, era algo relacionado con los apóstoles". Ambos extremos son errores. Dios no promete sanar a todo el mundo en cualquier circunstancia, ¡pero a menudo nuestros cuerpos se debilitan porque no tenemos fe en el Dios que cura!

Jesús también analizó las consecuencias de carecer de fe: "Hombres de poca fe. ¿Por qué discuten entre ustedes que no tienen pan?" (Mt. 16:8, RVC). Sus seguidores estaban molestos porque no tenían comida, aunque antes de eso Jesús había alimentado a cinco mil personas (Mt. 14:14-21). Y les dijo algo así: "Amigos, no lo entienden. ¿Dónde está su fe?". En Mateo 17:20, Jesús les dijo: "Porque ustedes tienen muy poca fe. De cierto les digo, que si tuvieran fe como un grano de mostaza, le dirían a este monte: 'Quítate de allí y vete a otro lugar', y el monte les obedecería. ¡Nada sería imposible para ustedes!" (RVC).

Darlene Zschech, australiana, canta un tema maravilloso en uno de sus CDs de adoración titulado "All Things Are Possible" [Todo es posible]. Hace algo más de un año vino a verme un hombre que me dijo: "¿Sabe esa canción 'Todo es posible'? Cuando la cantamos, me suena demasiado a rock, es demasiado movida. Si no dejamos de cantarla, tendré que abandonar esta iglesia". Sentí perderle, pero, ¿sabe una cosa? Por muy entusiasmados que estemos sobre las promesas de Dios relacionadas con la fe, nunca lo estaremos lo suficiente. No creo que Dios nos mire desde lo alto y diga: "¡Eh, me parece que todos se emocionan demasiado respecto a mi promesa de que todas las cosas son posibles! ¡A ver si se calman un poquito!". ¡No! Creo que hemos dejado que los "maestros de la fe" y todas sus enseñanzas antibíblicas y extremas sobre la prosperidad nos engañen sobre el poder que tiene la fe bíblica. Le reto a que, ahora mismo, se aferre a la enseñanza bíblica sobre la fe y empiece a confiar realmente en Dios para su transformación. Hágalo y experimentará un poder para asemejarse a Cristo como nunca antes había conocido.

Esto es lo que enseña la Palabra de Dios, y no relegaré los Evangelios a otra época ni consideraré que esas promesas no estén disponibles en nuestros tiempos, como seguidores de Jesucristo. Marcos 2:5 dice: "Al ver Jesús la fe de ellos, dijo al paralítico: Hijo, tus pecados te son perdonados". ¿Necesita usted el perdón de sus pecados? ¿Necesita verse libre de la carga de la culpa? Simplemente, confíe en Él y crea en Él. El Señor nos ha prometido que hará esto por nosotros. Le pedimos perdón muy a menudo, pero luego seguimos cargando el peso, sin creer que Dios realmente nos ha perdonado. Lea estas palabras de Cristo sobre la fe. En Marcos 4:40: "A sus discípulos les dijo: '¿Por qué tienen tanto miedo? ¿Cómo es que no tienen fe?'" (RVC). En Marcos 11:22: "Jesús les dijo: 'Tengan fe en Dios'". (RVC) Me encanta esto. Los discípulos le estaban planteando algunas preguntas, y Él respondió: "Eh, tengan fe en Dios. Confíen en Él. Crean en sus promesas".

¿Hasta qué punto era importante la fe para los discípulos? Veamos otros dos versículos en el Evangelio de Lucas: "Dijeron los apóstoles al Señor: Auméntanos la fe" (17:5). Ellos empezaban a entenderlo, de modo que se acercaron a Jesús y le dijeron: "Mira, Señor, empezamos a comprenderlo mejor. Se trata de la fe, ¿verdad?", y Jesús les respondió: "Efectivamente". Por tanto, le pidieron: "Auméntanos la fe". Más adelante, Él preguntó: "cuando venga el Hijo del Hombre, ¿hallará fe en la tierra?" (18:8). La pregunta en Lucas 18 no era "¿Responde Dios a la oración?". La pregunta era (y es): "Cuando vuelva el Hijo del Hombre, ¿encontrará fe en este mundo?". ¿Encontrará a una sola persona dispuesta a acercarse a Él por la fe en sus promesas? Yo estoy decidido a ser esa persona, y le desafío a que usted haga lo mismo.

LA FE EN LAS EPÍSTOLAS

¡Podríamos decir tantas cosas sobre la fe! Tecleé la palabra "fe" en el buscador de mi computadora, pidiendo referencias desde Romanos a Judas, todas las cartas (epístolas) escritas por los apóstoles. Encontré 180 referencias, por no hablar de los sinónimos: *creer en Dios*; *confiar en Dios*; *descansar* y *permanecer en Dios*, actos que contienen un elemento importante de fe. El apóstol Juan dijo que la fe es la victoria que supera al mundo (1 Jn. 5:4).

No lo olvide: la fe es esencial. Si necesita una referencia para apoyar esta idea… apunte "toda la Biblia".

LA FE ES PRÁCTICA

La fe es lo más práctico que podamos imaginar. Quiero que miremos ahora la vida de Jesús y veamos cómo el propio Cristo usa la fe en el momento de la tentación para obtener la victoria.

Sé que algunas personas creen que Jesús no fue realmente tentado por el pecado, y que al ser Dios no podía experimentar la tentación genuina, pero la Biblia enseña otra cosa. Hebreos 4:15 dice que Jesús "fue *tentado en todo según nuestra semejanza*, pero sin pecado". Jesús no usó sus poderes divinos para obtener la victoria sobre la tentación; fue vencedor por la fe dentro de los límites de su humanidad. De hecho, usar su deidad para obtener la victoria ¡es exactamente lo que Satanás le tentaba a hacer! "Si eres Hijo de Dios, di que estas piedras se conviertan en pan", le dijo el Maligno (Mt. 4:3). Jesús respondió: "No sólo de pan vivirá el hombre". Ejerció su fe en la Palabra de Dios para repeler los ataques del Maligno.

Piense en lo vulnerable que era Jesús. Llevaba cuarenta días y cuarenta noches en el desierto. Había ayunado. Tenía hambre, estaba cansado y solo. Se enfrentaba a Satanás desde su condición humana. Fíjese en las tres tentaciones: convertir piedras en pan, arrojarse desde lo alto del templo y recibir de Satanás todos los reinos de la tierra si le adoraba.

Esta última tentación fue realmente absurda, pero aún así encierra una lección para nosotros: En el calor de la tentación, la oferta es muy atractiva, pero cuando nos alejamos un paso de ella, en realidad es una estupidez. Satanás estaba desesperado, y lo que dijo en efecto fue: "¡Oye!, ¿sabes una cosa? Si me adoras, te daré todo lo que has creado, todo lo que ya es tuyo". ¡*Vaya negocio!* Por su humanidad, Jesús era susceptible a la tentación; sin embargo, pronto se dio cuenta de que no era atractiva ni formaba parte del plan de su Padre.

Cuando estudiamos las tentaciones en Mateo 4, no podemos evitar darnos cuenta de que Jesús usó la fe en la Palabra de Dios como su único fundamento para la victoria. Cuando fue tentado a "convertir las piedras en pan", Jesús dijo: "No sólo de pan vivirá el hombre, sino de toda palabra que sale de la boca de Dios" (v. 4), citando Deuteronomio 8:3. Cuando volvió la tentación ("échate abajo", vv. 6-7),

Jesús respondió: "Escrito está también: No tentarás al Señor tu Dios", citando Deuteronomio 6:16. Por último, cuando Satanás le ofreció "todos los reinos del mundo... si postrado me adorares" (vv. 8-9), Jesús dijo: "Vete, Satanás, porque escrito está: Al Señor tu Dios adorarás, y a él sólo servirás", citando Deuteronomio 10:20. Tres tentaciones. Tres respuestas bíblicas. ¡Qué ejemplo más perfecto del poder de la fe en la Palabra de Dios!

PONGAMOS NUESTRA FE EN ALGO PODEROSO: LA PALABRA DE DIOS

Por favor, entienda que no quiero enseñar la fe en la fe, ese mensaje sectario que defiende tener fe en el poder de la propia fe. Ese mensaje engañoso afecta a toda la Iglesia moderna, ¡y encima sale todos los días por televisión! No hablamos de la fe en la fe. La Biblia no enseña que en su fe haya poder alguno, ni tampoco en nada de lo que dice simplemente porque lo diga con confianza. Lo que decimos no tiene poder.

El poder de la fe está en la Palabra de Dios. Si lo que decimos es la Palabra de Dios, y creemos lo que confesamos en lo profundo de nuestro ser, encontraremos un poder increíble.

No se trata de nuestra fe por sí misma, sino del *objeto* de nuestra fe. Muchas personas confían en sus buenas obras para ir al cielo. Muchas personas tienen *mucha* fe en las buenas obras para ir al cielo. No lo conseguirán. Lo que marca la diferencia es el *objeto* de su fe. Tenga fe en las promesas de la Palabra de Dios.

PONGAMOS A TRABAJAR SU FE

Veamos una definición sencilla y personal de la fe. La fe es:

(1) creer la Palabra de Dios y
(2) actuar basándonos en ella,
(3) no importa cómo nos sintamos,
(4) porque Dios promete un buen resultado.

Cada una de estas afirmaciones es muy importante. Cuando pensemos en cada una de ellas, aprenderemos cómo dar poder a la fe en nuestras vidas.

LA FE ES...

CREER LA PALABRA DE DIOS

Cuando leemos la Biblia, no decimos "Quizá tenga razón" o "Me lo pensaré" ni "Supongo que habrá que pensar en eso". ¡Dejemos estas cosas de una vez y para siempre! La fe es *creer la Palabra de Dios*. Deberíamos decir: "Dios lo dijo, yo lo creo, ¡y no hay más que hablar!".

Los mandamientos de Dios son buenos. Cada vez que Dios dice "No lo hagas" lo que quiere decir es "No se haga daño". Dios le ama. Dios no se sentó allá en la eternidad diciendo: "Muy bien, ¿qué viene ahora? Ah, sí, el adulterio... ¿lo clasifico como pecado o como obra de justicia? A ver, que alguien lance una moneda al aire". ¡No! Todas las reglas de Dios se fundamentan en su amor hacia nosotros. Todo lo que ordena trae gozo, y todo lo que prohíbe evita el sufrimiento.

ACTUAR BASÁNDONOS EN LA PALABRA DE DIOS

La fe conlleva creer lo que dice la Palabra de Dios y luego *actuar en consecuencia*. De esta manera la fe adquiere piernas y toma una decisión. Una gran parte de la enseñanza bíblica sobre el cambio se puede resumir con una palabra: "decidir". En nuestros momentos de sinceridad, sabemos que somos quienes somos porque tomamos decisiones. Ahora mismo, mientras escribo esto, estoy sentado en mi casa, un hermoso día soleado junto al lago Michigan, y podría estar nadando o jugando al voleibol en la playa. En lugar de eso elijo hacer este trabajo, porque creo que Dios me ha llamado a servir a otros, y quiero ser obediente. Una y otra vez he aprendido por las malas que debo actuar en consonancia con lo que Dios me llama a hacer, que su gozo y su paz solo pertenecen a quienes obedecen su voluntad.

Juan 14:21 ha sido un versículo muy importante para mi vida. En él hallamos las palabras de Cristo: "El que tiene mis mandamientos, y los guarda, ése es el que me ama; y el que me ama, será amado por mi Padre, y yo le amaré, y me manifestaré a él". Toda la intimidad y la alegría que ofrece Jesucristo están vinculadas directamente no solo a creer a la Palabra, sino a *actuar basándonos en ella.*

ACTUAR... NO IMPORTA CÓMO NOS SINTAMOS

Esta es la tercera parte: "Actuar según la Palabra de Dios *no importa cómo nos sintamos*". Debemos optar por obedecer a Dios incluso durante los momentos en que no sentimos deseos de hacerlo. ¿Ha habido alguna vez en que no haya *sentido* ganas de obedecer la Palabra de Dios? A menos que queramos ser "cristianos de montaña rusa" durante el resto de nuestras vidas, debemos poner en práctica esta tercera parte: creer la Palabra de Dios y actuar basándonos en ella, *no importa cómo nos sintamos.*

Las emociones son maravillosas. Cuando están en el lugar que les corresponde, aportan color y plenitud a nuestras vidas. Cuando nos sirven, las emociones pueden hacer muchas cosas buenas en nuestras vidas, pero cuando se convierten en el "señor" y comienzan a dirigir nuestros actos, vamos camino al desastre. Piense que su vida es como un tren. Las emociones son una locomotora terrible, pero un furgón de cola estupendo. Aprender esta verdad ha sido una auténtica victoria para mí. Cuando me siento frustrado, me dan igual mis sentimientos. Si siento ansiedad, no le hago caso. Si siento deseos de consentirme, de evitar un problema, de darle vueltas a una ofensa personal, debo optar por ignorar mis emociones. Debemos "creer la Palabra de Dios y actuar basándonos en ella, no importa cómo nos sintamos". ¡Eso es fe!

Quizá piense: "Ese es mi problema; no puedo ignorar cómo me siento. Avanzo en buena dirección, obedeciendo al Señor y todo va bien, pero de repente, ¡zas!, me asalta una corriente poderosa de emoción. Antes de darme cuenta, ya he vuelto a caer en mi antiguo patrón de pecado".

¿Cómo podemos aprender el autocontrol? ¿Cómo podemos prepararnos para trascender a la emoción del momento y obedecer a Dios de forma coherente, "independientemente de cómo nos sintamos"?

... *PORQUE DIOS PROMETE UN BUEN RESULTADO*

La respuesta la hallamos en la última parte de nuestra definición. Creer la Palabra de Dios y actuar basándonos en ella, no importa cómo nos sintamos, *porque Dios promete un buen resultado.* Todo mandamiento de la Palabra de Dios aporta bendiciones, gozo y plenitud cuando le obedecemos, pero también sufrimiento y dificultades cuando no lo hacemos. O, como lo ha expresado alguien: "Quien elige pecar, elige sufrir".

Hebreos 11:25 dice que los placeres del pecado solo son "temporales". Por experiencia sabemos que cuando vacilamos en la fe y optamos por desobedecer, experimentamos consecuencias dolorosas. Es posible que un incrédulo desobedezca la ley de Dios sin sentirse culpable, sin sentir vergüenza ni padecer consecuencias, pero nosotros no. Por otro lado, el gozo, la paz, el contentamiento y la plenitud son experiencias exclusivamente cristianas. Solo un verdadero seguidor de Jesús puede disfrutar de las bendiciones que se desprenden de la elección de obedecer a Dios. Incluso Cristo usó las bendiciones futuras que Dios le prometió como forma de motivar su obediencia en el presente. "El cual por el gozo puesto delante de él sufrió la cruz" (He. 12:2).

Dios promete un buen resultado a todo acto de obediencia, y una consecuencia dolorosa a todo acto pecaminoso. Sin duda no tenemos que pasarnos la vida pensando en qué camino elegir. Elija pecar y elegirá sufrir; elija obedecer y elegirá ser bendecido.

LA PRÁCTICA DE LA FE

Hemos definido la fe de esta manera: La fe es "creer la Palabra de Dios y actuar basándonos en ella, no importa cómo nos sintamos, porque Dios promete un buen resultado". ¡Practiquémoslo! Veamos cómo funciona esta fe en nuestras vidas.

Un hombre entra en la oficina de su pastor y le dice:

—Ya no amo a mi esposa. Ya no experimento los mismos sentimientos, de modo que voy a buscarme a alguien nuevo y empezar de cero.

—Esa es una decisión muy, muy mala —responde el pastor.

—Pero es que no siento que...

—¡Olvídate de lo que sientes! —le interrumpe el pastor—. Haz lo correcto y confía en Dios. Dios dice que si caminas hasta la parte delantera de una iglesia, te pones delante de un grupo de personas y haces una promesa, "no tardes en cumplirla; porque él no se complace en los insensatos" (Ec. 5:4). Si tomas esta decisión, ¡vas a meterte de lleno en todo un mundo de sufrimiento!

—Es que me parece más fácil seguir ese camino...

—¡No! Créeme que no lo será. ¡Arregla las cosas con tu esposa! La familia de Dios está llena de familias rotas, lo cual es una tragedia que provocaron aquellos que pensaron que podrían evitar el sufrimiento de la incredulidad y de la desobediencia. ¡Es imposible! Da lo mismo lo difícil que te parezca, "No se engañen. Dios no puede ser burlado. Todo lo que el hombre siembre, eso también cosechará" (Gá. 6:7, RVC).

Veamos otro ejemplo de este principio de la fe en la práctica. Becky, soltera y de 34 años, no sale con nadie, y por las noches se acuesta escuchando cómo su reloj biológico le dicta una cuenta regresiva. Esta situación es muy real para muchas personas.

—Quiero ser madre, quiero ser esposa —le dice Becky a su mejor amiga—. He conocido a un hombre que...

—¿Es cristiano? —pregunta su amiga.

—Bueno, creo que...

—¿Lo es? —insiste su amiga.

—Bueno, es muy agradable. He estado compartiendo con él y creo que...

Entonces la amiga de Becky le recuerda 2 Corintios 6:14: "No se unan con los incrédulos en un yugo desigual" (RVC).

Becky tiene una amiga buena y sabia, que la ama lo bastante como para confrontarla con el verdadero significado de la fe. Crea usted la Palabra de Dios y actúe basándose en ella, no importa cómo se sienta. Hágalo porque Dios le promete un buen resultado. No comprometa la Palabra. No piense que ha encontrado un camino mejor. ¡No es cierto! Cuando se presente un día delante del Señor y le diga: "Bueno, pensaba que ese plan era mejor", Dios le mirará a los ojos y dirá: "El plan lo escribí yo". *Crea la Palabra de Dios y actúe basándose en ella, no importa cómo se sienta, porque Dios le promete un buen resultado.*

LA PRÁCTICA DE LA FE MEDIANTE EL PERDÓN

"Alguien me hizo mucho daño", dice usted. "Y además no fue por casualidad, lo hizo adrede. Estoy desolado. Le odio por lo que hizo. La Palabra de Dios dice que perdone, pero no puedo". Sí, la Palabra de Dios dice que perdonemos. También enseña que el camino del gozo y de la paz para usted pasa por el perdón. Necesita perdonar.

"¿*Perdonar*? ¡Lo que quiero es *matarlo*!", contesta. Una vez más, debe actuar basándose en la Palabra de Dios, no importa cómo se sienta. Dios promete un buen resultado.

Quizá aún piense: "¡No! ¡Quiero vengarme, quiero que pague por lo que me hizo! Le haré sentir lo que sentí yo". Le exhorto a que no lo haga. Ejerza su fe, y Dios bendecirá su obediencia; Él le dará un buen resultado.

¡SE DESCUBRIÓ EL "SECRETO"!

¿Recuerda lo que hizo en el capítulo 3? Permitió que el Espíritu Santo le especificara una o dos cosas que Dios quiere cambiar en su vida. Luego, como resultado del capítulo 4, hizo el trabajo duro del arrepentimiento. ¡Realmente quiere cambiar! Siguió pasando por los capítulos del 4 al 7 y comprendió el proceso de cambio, pero sabiendo que no tenía dentro de usted el poder necesario para llevar a cabo el proceso con éxito.

De manera que siguió leyendo, buscando el poder para cambiar. En el capítulo 8, escribí que el poder del Espíritu Santo está disponible para acelerar su victoria, pero usted quiere saber cómo activar ese poder, cómo "darle al interruptor". Ahora lo sabe. La fe activa el poder del Espíritu Santo. Crea la Palabra de Dios y actúe basándose en ella, no importa cómo se sienta, ¡porque Dios promete un buen resultado!

CÓMO AUMENTAR SU FE

Usted dirá: "Quiero hacerlo, pero no tengo la fe que tiene usted. ¡Tengo tan poca fe!". ¡De acuerdo! Veamos tres cosas que puede hacer y que de inmediato comenzarán a aumentar su fe.

1. CREA QUE PUEDE AUMENTAR

A todo cristiano se le ha dado "una medida de fe" (Ro. 12:3). Sí, cada uno de nosotros ha recibido una capacidad determinada para creer, pero esta puede aumentar. ¿No es una *gran* noticia? La primera prueba de esta verdad es el apóstol Pedro. Cuando vemos a Pedro en los Evangelios, nos damos cuenta de que tenía muchos problemas graves, y que se equivocaba en los momentos más críticos. Parece que siempre decía lo menos conveniente en el momento más importuno. Usted ya sabe cómo nos sentimos cuando lo intentamos y no logramos nada. Una vez, cuando Pedro intentó rechazar el plan de Jesús, este le dijo: "¡Quítate de delante de mí, Satanás!" (Mt. 16:23). Al apóstol eso debió de dolerle mucho. Pedro es la persona que negó al Señor, aquel que le seguía de lejos. Una y otra vez Jesús dijo a Pedro, más que a ningún otro, "¡hombre de poca fe!".

Sí, Pedro tenía muchas cosas que cambiar, pero tomó una buena decisión. Subió a aquel aposento alto y esperó a que el Espíritu Santo viniera a llenarle. En Hechos 2 era una persona transformada. Cuando el Espíritu de Dios llenó a Pedro como respuesta a su fe, Pedro predicó y se convirtieron tres mil personas. En Hechos 5, Pedro ya era tan poderoso, estaba tan lleno de fe, que las Escrituras dicen que la gente intentaba ponerse en un lugar donde cayera su *sombra*, para ser sanados (v. 15). Eso es un hombre cambiado, transformado por el poder del Espíritu activado en su interior por medio de la fe.

2. EXPONGA SU MENTE A LA PALABRA DE DIOS

Usted dice: "Yo quiero esa fe". Muy bien, primero crea que su fe puede aumentar. Luego exponga su mente a la Palabra de Dios.

"Así que la fe es por el oír, y el oír, por la palabra de Dios", escribe Pablo (Ro. 10:17). Mi versículo favorito en la Biblia es Jeremías 15:16, cuando el profeta dijo: "Fueron halladas tus palabras, y yo las comí; y tu palabra me fue por gozo y por alegría de mi corazón". ¿Ha aprendido a amar la Palabra de Dios? La fe creciente requiere una mente empapada de la Palabra de Dios. ¿Ha superado ya la fase de leer por obligación, llegando al punto en que se convierte en su deseo y su deleite?

Me encanta la verdad contenida en la Biblia. Es el corazón de Dios para nosotros, y cuando lavamos nuestras mentes con ella diaria y constantemente, produce fe en nuestro ser. Cuando llenamos nuestras mentes con la última novela romántica o basura televisiva, o con otros entretenimientos paganos, no es de extrañar que tengamos problemas de fe. Llenamos nuestros días y nuestros oídos con todo lo que no es la Palabra de Dios, y por tanto nos falta fe para obedecer. Romanos 12:2 enseña que nuestra transformación se produce por medio de "la renovación de [nuestro] entendimiento". Y eso supone sumergirnos en la Palabra de Dios.

Debemos leer la Palabra; estudiarla, memorizarla, meditar en ella. Quizá usted se pregunte por qué casi todas las páginas de este libro contienen pasajes bíblicos. ¿Qué otra cosa puede haber? Mis palabras no edifican la fe. "La fe viene por el oír, y el oír, por la palabra de Dios".

Jesús pudo superar la tentación plasmada en Mateo 4 porque conocía la mentira, y también la verdad que podría sustituirla.

3. PRACTIQUE LA ORACIÓN GENUINA

La fe nace de una oración *genuina*. No estoy hablando de "Padre nuestro que estás en los cielos…" ni de "Ave María, llena eres de gracia…". No hablo de una oración ritualista ni de una repetición pagana. Hablo de una oración sentida, auténtica, de rodillas delante de Dios, apropiándose de Él por medio de la fe. Usted dirá: "No sé hacer eso muy bien. ¿Dónde imparten un seminario sobre el tema?". El seminario lo imparten en su hogar, diariamente, en un lugar privado donde pueda arrodillarse. Es un seminario que imparte el Espíritu Santo y que está disponible las veinticuatro horas del día, siete días a la semana. El modo de aprender a orar es ponerse de rodillas, abrir la boca y decir: "Señor, enséñame a orar. Dios, hoy acudo ante ti con sinceridad".

Me gusta lo que Jesús dijo a Pedro en Lucas 22:32: "pero yo he rogado por ti, que tu fe no falte". Usted dirá: "Yo no quiero que me falte fe". Entonces, ore. Jesús está orando por usted.

El poder que tiene la oración para edificar la fe es fenomenal. Lo he experimentado muchas veces en mi vida. A veces estoy lleno de ansiedad o de preocupaciones y cargas. Entonces recuerdo: "¡Ora!". Por tanto, me pongo a solas y de rodillas, humillándome ante Dios, y con el lenguaje más sencillo que conozco empiezo a hablar con mi Padre sobre el tema. Cada vez que lo hago, no pasa mucho tiempo antes de que mi oración, sentida de corazón, me impulse a ponerme en pie, sintiendo el alivio de verme libre de mis cargas, y sabiendo que mi ansiedad ha sido sustituida por la fe.

Si quiere ese poder para cambiar, solo puede dárselo el Espíritu Santo. ¡Y el Espíritu Santo derrama el poder como respuesta a su fe! Puede empezar pidiendo lo mismo que pidieron los apóstoles: "Señor, auméntanos la fe".

PREGUNTAS DEL MAESTRO

1. Lea Romanos 8:1-11. ¿Por qué es imposible vivir la vida cristiana? ¿Puede demostrarlo en este pasaje bíblico? ¿Qué dicen los versículos 9-11 sobre cuál es nuestra única fuente de poder?
2. Lea Hebreos 4:2 y explique por qué en nuestras vidas la Palabra debe estar vinculada con la fe.

PREGUNTAS DEL PROFETA

1. ¿Qué dos métodos fueron provistos para aumentar nuestra fe? Lea los versículos correspondientes a cada punto. ¿Cuál es la mayor necesidad de su vida actualmente?
2. ¿Cómo puede ser más eficaz el poder de la fe en su vida mientras intenta cambiar para ser la persona que Dios quiere que sea?

PREGUNTAS DEL PASTOR

1. La práctica de confiar en la Palabra de Dios nos da confianza. Lea Mateo 4:1-11; ¿qué nos dice el encuentro de Jesús con Satanás sobre tener fe en la Palabra de Dios?
2. ¿Por qué la Palabra de Dios es poderosa para resistir al Enemigo, cuando nuestras palabras no lo son? ¿Puede dar un ejemplo personal?

MANOS A LA OBRA

Dedique un momento para pensar en los tres próximos días. Apunte el mayor reto al que se enfrentará en cada uno de ellos, usando un cuaderno o un diario; luego añada un versículo como referencia para ver cómo la fe en la Palabra de Dios le ayudará a experimentar la victoria. Como ejemplo, a continuación ponemos el del primer día:

Reto del día 1:_____

La Palabra de Dios dice: Filipenses 4:19: "Mi Dios, pues, suplirá todo lo que [te] falta conforme a sus riquezas en gloria en Cristo Jesús".

Para los días 2 y 3, anote un reto y luego medite en los siguientes versículos. Para el día 2, el Salmo 84:11: "Porque sol y escudo es Jehová Dios; gracia y gloria dará Jehová. No quitará el bien a los que andan en integridad". Para el día 3, Josué 1:8: "Nunca se apartará de tu boca este libro de la ley, sino que de día y de noche meditarás en él, para que guardes y hagas conforme a todo lo que en él está escrito; porque entonces harás prosperar tu camino, y todo te saldrá bien".

¡ALCE LA VISTA!

Amado Padre celestial:

Gracias por tu Palabra. Perdóname por pensar que escuchar la verdad equivale a transformarme. Señor, ayúdame a entender que el poder de tu Espíritu para transformar se activa en el interior mediante la fe. Recuérdame que esa es la parte que puedo elegir. No puedo cambiarme a mí mismo, pero sí puedo optar por creerte y confiar en tus promesas, y vivir según lo que Tú me dices. Recuérdame que me darás la victoria si creo en tu Palabra y actúo basándome en ella, no importa cómo me sienta.

Señor, gracias por aquellos que han visto tu fidelidad en sus vidas. Eso me ayuda a saber que Tú harás prosperar mi camino. Pero oro especialmente para que me ayudes a recordar que eres bueno y fiel, y que nunca fallas a tus hijos cuando te obedecemos por fe. Ayúdame a dar ese paso, a confiar simplemente en ti y a ver tu obra en mi vida.

Señor, incluso ahora permíteme anticipar la victoria que me otorgarás si confío en ti y actúo basándome en lo que aprendo. Te lo ruego en el nombre de Jesús. Amén.

10 EL PODER DE LAS AMISTADES BÍBLICAS

DÍGALO EN UNA FRASE:
Si quiere experimentar un cambio duradero,
debe entender el poder de la amistad bíblica y
acceder a él.

Las estadísticas nos dicen que normalmente las personas leen solo los dos primeros capítulos de un libro. Se aburren, se distraen o les resulta demasiado difícil, de modo que dejan el libro y se dedican a otra cosa. La mayoría de personas busca "la solución fácil". Bueno, este es el capítulo 10, de modo que ahora sé algo sobre usted:

1. Empieza a leer los libros por el final (es un poco raro); o
2. Busca ayuda en el tema de las amistades, y encontró este capítulo en el índice (se siente solo); o
3. Ha leído los nueve capítulos anteriores y ahora empieza el último (¡es diligente!).

Espero que encaje en la tercera categoría. Si ha leído los nueve primeros capítulos, a estas alturas sabrá que solo bromeo con los puntos 1 y 2. Lo que es más importante, si ha leído hasta aquí, Dios ha estado haciendo grandes cosas en su vida. ¡Alabado sea el Señor!

MANTENGA EL FUEGO ENCENDIDO

Quizá usted ha experimentado alguna victoria en el pasado, pero solo fue algo puntual, y luego recayó en un patrón de derrotas.

Quizá se animó mucho en un retiro de jóvenes o una conferencia especial, o bien al pasar por una mala circunstancia, y por una vez anduvo realmente en el gozo del Señor, pero luego se alejó. ¡No está solo! Hoy día la mayoría de cristianos no vive en la cumbre de su experiencia espiritual. Saben cómo encender el fuego, pero no cómo conservarlo.

Este capítulo se centra en cómo mantener viva la llama. La vida cristiana no se vive a solas; exige un trabajo en equipo. Este capítulo habla de cómo acceder a los recursos increíbles que Dios nos ha dado en nuestros hermanos y hermanas en Cristo. Nos necesitamos unos a otros desesperadamente, y así, cuando queremos abandonar no podemos, porque nuestros amigos "no lo permitirán".

Partiremos de la siguiente idea:

EL CAMBIO DURADERO REQUIERE AMISTADES BÍBLICAS.

La palabra clave en esta afirmación es *bíblicas*, porque no todas las amistades lo son. De hecho, algunas son bastante *anti*bíblicas. No solo no nos ayudan, sino que obstaculizan nuestro progreso en el camino hacia la transformación. En su lugar, lo que necesitamos son amistades bíblicas. Después de casi veinte años como pastor, le puedo decir que las personas que cambian, las personas que desarrollan un patrón vital de cambio, que cada vez son más maduras como seguidoras de Cristo, están rodeadas de amistades bíblicas. Sin ese tipo de amistades, no *pueden* progresar espiritualmente. Usted tampoco.

Durante nueve capítulos le he estado pidiendo que cambie. Puede que le haya dado la imagen de que la transformación era un asunto solo entre usted y Dios. Quizá se ha imaginado con la Biblia abierta, los ojos vueltos al cielo, y el Espíritu de Dios llenándole; solo usted y Dios, ¡y todo cambia! ¡Pero *no* es una imagen completa! A largo plazo, no podemos prosperar espiritualmente si no tenemos a otros.

Es hora de empezar a prestar atención a las personas que Dios ha puesto a nuestro alrededor como recursos para el cambio. Por eso Dios ha reunido a ese grupo de personas a las que llamamos *la iglesia local*.

LAS AMISTADES EN LAS ESCRITURAS

"El justo sirve de guía a su prójimo; mas el camino de los impíos les hace errar", escribió Salomón (Pr. 12:26). Cuando lee la Palabra de Dios, no podrá por menos que darse cuenta de que los grandes hombres y mujeres de la fe siempre tuvieron amigos fieles a su lado. ¡Siempre!

Piense en Abraham, que tenía a Sara, su esposa amorosa y buena amiga. Sí, es cierto que Sara cometió algunos errores, pero Hebreos 11 nos dice que era una mujer de fe. Estuvo al lado de Abraham en lo bueno y en lo malo. Sin la cooperación amorosa y comprensiva de Sara, a Abraham le hubiera costado bastante más seguir el llamamiento de Dios.

Piense en Moisés, cuya vida no se puede entender aislada del papel que jugaron en ella unas relaciones de apoyo. Moisés tuvo a Aarón, su hermano, que hablaba por él, y a su suegro Jetro, con quien poder informarse sobre la manera correcta de delegar la autoridad. Tuvo a María, su hermana, que se puso de su parte cuando el pueblo se rebeló.

Las amistades de Moisés se extendían más allá de su familia. También contaba con Josué y con Caleb. Cuando todos los demás dudaron, aquellos compañeros en la fe respaldaron la afirmación de Moisés de que los hijos de Israel podían conquistar aquella tierra. (Ver Nm. 13:1-3; 13:23—14:9). Moisés experimentó de primera mano la prosperidad de las amistades bíblicas.

La lista podría seguir indefinidamente. Rut y Noemí se entregaron la una a la otra, de manera sacrificada. Ester, sola y tentada tan lejos de su entorno natural, vio crecer su fe porque contaba con aquel amigo sólido y cariñoso, Mardoqueo. David y Jonatán eran hermanos del alma. Elías y Eliseo, dos profetas perseguidos, se apoyaban mutuamente.

En el Nuevo Testamento, Pablo tuvo a Bernabé, quien le respaldó cuando todos los demás temían al antiguo perseguidor de los cristianos (Hch. 9:27-28; 11:25-26). También contó con Silas, quien cantaba con él incluso cuando estuvieron en la cárcel (Hch. 16:22-25); y con Timoteo, que le consoló cuando Pablo volvió a ser encarcelado cerca del final de su ministerio (2 Ti. 4:13, 21). Pedro tenía a Juan; Juan tenía a Pedro. Y, por supuesto, Jesús tenía a doce compañeros íntimos, y cuando los envió al ministerio, lo hizo "de dos en dos". Cuando envió a los setenta (Lc. 10), también lo hizo en parejas. ¿Por qué? Por el poder que tienen las amistades bíblicas.

Algunas de las peores catástrofes en la Palabra de Dios se produjeron porque la gente tenía los amigos equivocados (no bíblicos), o porque carecían de amigos. El máximo problema de Eva era Adán. El mayor problema de Adán era Eva. No se ayudaron mutuamente. Uno de ellos tendría que haberle dicho al otro: "Pero, ¿qué estás pensando? ¡Deja *eso* donde estaba! *¡No lo muerdas!*".

El rey Saúl tuvo a Samuel, a quien Dios envió para ayudarle a ser todo lo que Él quería que fuese. El problema de Saúl fue que no escuchó. Tuvo un amigo bíblico, pero se negó a prestarle atención y, como resultado, su vida acabó en tragedia. La caída de David estuvo directamente relacionada con la falta de consejo bíblico que había recibido de su líder militar y amigo Joab. El general no quiso reprochar a David la orden que le dio de provocar la muerte de Urías en la batalla (2 S. 11:14-15). En lugar de advertir al rey, negándose a ser partícipe de un asesinato, Joab guardó silencio.

No tener amigos puede ser tan perjudicial para nuestros pensamientos y nuestros actos como tener amigos no bíblicos. Piense en Jacob, y en el potencial increíble de su vida. En casi todos los casos, Jacob estuvo solo cuando cometió errores muy graves. Engañó a su hermano, mintió a su padre y huyó de sus problemas. ¿Y qué hay de Sansón? ¿Quiere que hablemos de potencial? Era guapo y fuerte, y comprendía plenamente el poder de Dios. El Espíritu de Dios estaba sobre él (Jue. 13:24-25; 14:6, 19). Pero su vida fue absurda, y acabó de forma trágica, y en todos los pasajes que nos hablan de él vemos que está solo.

Nosotros somos como los hombres y las mujeres en la Palabra de Dios. Tenemos capacidades y un deseo de Dios, y un gran potencial, pero si no tenemos amigos bíblicos que nos digan la verdad, nuestras vidas fracasarán como las de estos personajes.

DOS CLAVES PARA LAS AMISTADES BÍBLICAS

Usted ha estado trabajando mucho. Ha orado, estudiado y obrado para experimentar la transformación personal que Dios quiere concederle. A medida que se acerca al final de este libro, seguramente se preguntará: "¿Qué pasará cuando lo haya acabado? ¿Seguiré avanzando o caeré de bruces?". La clave en todo este asunto está en sus amistades. Si cuenta con amigos bíblicos auténticos, *puede* seguir avanzando. Quiero llevarle a un pasaje favorito de las Escrituras y compartir con usted los dos ingredientes esenciales para la amistad bíblica. De esa manera podrá evaluar si usted es un amigo o amiga así, y si tiene el tipo de amigos que necesita para experimentar un cambio duradero.

David fue el segundo rey de Israel, pero la historia de su amistad comenzó antes de acceder al trono. Saúl fue el primer rey de Israel, y David fue amigo íntimo del hijo de Saúl, Jonatán. David y Jonatán son una imagen de una amistad fenomenal, bíblica y transformadora.

Si alguna vez hubo una amistad que lo tuviera todo en contra, fue esta. Jonatán procedía de un hogar "disfuncional" casi sacado de un manual. Su madre era pasiva y su padre era un tirano, cuyos actos en ocasiones rozaban la locura. (Ver 1 S. 16:14-15; 18:10-11; 19:9-10). Al principio, Saúl había adoptado a David, pero ahora este vivía como un proscrito, huyendo aterrorizado porque Saúl se había vuelto loco e intentaba matarle. Aparte de esta situación tan extraña, Jonatán y David tenían aspiraciones al trono. Jonatán era el primero en la línea sucesoria, al ser hijo de Saúl, y David había sido ungido rey por Samuel, según las instrucciones de Dios.

Nunca pensaríamos que dos personas que querían el mismo trono pudieran ser amigos, pero así fue, y de su adversidad nació una imagen poderosa de la amistad. Del sufrimiento que los hizo congeniar aprendemos una cosa:

UN AMIGO BÍBLICO LE SOSTIENE
CUANDO USTED TROPIEZA.

En ocasiones, las presiones de la vida (el estrés laboral, las presiones en el hogar, un problema de salud, una crisis económica) que tienen lugar en todas las vidas, nos hacen tropezar. A veces las cosas nos sobrecargan tanto que no podemos evitar caer. Contrariamente a lo que piensa la gente, esos momentos difíciles no son casualidad. Los permite la mano amorosa de Dios para acercarnos a su Persona, y para que nuestro carácter se conforme a la vida de Jesucristo. Como David, debemos aprender a someternos a Dios durante esos momentos, y dejar que Él cumpla su voluntad agradable y perfecta (Ro. 12:2), de modo que "él [nos] exalte cuando fuere tiempo" (1 P. 5:6).

Estoy seguro de que hubo muchas noches largas, mientras David huía del rey Saúl, en las que quiso abandonar o rebelarse contra el Señor. Nunca he pasado por algo tan duro como las experiencias de David, pero estoy convencido de que la clave de su éxito fue el sustento y la fuerza que obtuvo de su amistad con Jonatán.

¿Tiene usted uno o dos amigos como tuvo David? ¿Un amigo o amiga que pueda acercarse a usted en los momentos en que Dios usa alguna circunstancia de una forma concreta para cambiarle? Los amigos bíblicos nos dan las fuerzas para seguir cambiando de dos maneras esenciales: *nos sostienen y, en ocasiones, nos retienen*. Examinemos estas dos claves para la amistad bíblica... y para el cambio perdurable.

CÓMO NOS PUEDEN SOSTENER LOS AMIGOS

¿Cómo nos sostienen los amigos? Consideremos el respaldo que prestó Jonatán a David durante una crisis en la vida de David. "Entonces se levantó Jonatán hijo de Saúl y vino a David a Hores, y fortaleció su mano en Dios" (1 S. 23:16). Jonatán estaba poniendo en peligro su vida solo por el hecho de ir a hablar con su amigo, pero la Biblia dice que "se levantó... y vino a David a Hores, y fortaleció su mano en Dios". Fíjese lo que pasó después:

> Y [Jonatán] le dijo: No temas, pues no te hallará la mano de Saúl mi padre, y tú reinarás sobre Israel, y yo seré segundo después de ti; y aun Saúl mi padre así lo sabe. Y ambos hicieron pacto delante de Jehová; y David se quedó en Hores, y Jonatán se volvió a su casa. (vv. 17-18)

Veamos cinco maneras en las que Jonatán sostuvo a David. Estas son las maneras en que podemos sustentar a nuestros amigos... y recibir su respaldo. Mientras lee estas cinco maneras, pregúntese: "¿Soy ese tipo de amigo/a?" y "¿Tengo un amigo o amiga así?".

1. SU PRESENCIA

Primero, un amigo bíblico le sostiene cuando usted tropieza, porque *está allí por usted*. "Entonces Jonatán, hijo de Saúl, se levantó y fue a David". Jonatán tenía muchos motivos para mantenerse alejado. A nivel personal, tenía todo que perder y nada que ganar. Se arriesgaba a despertar la ira de su padre. Cuando se levantó de la mesa en el palacio, su padre agarró su lanza y la arrojó contra su propio hijo, para intentar matarlo (1 S. 20:30-33). Así de loco estaba. Al ponerse de parte de David, Jonatán ponía en peligro su propia posición. Después de todo, si Jonatán dejaba que el rey Saúl matase a David, se convertiría en rey. David estaba solo, y tenía miedo. Y Jonatán se dijo a sí mismo: "No pienso abandonarle". Acudió a David.

De las cenizas de la Segunda Guerra Mundial nacieron muchas historias verídicas de amistad entregada. Leí uno de estos relatos sobre dos amigos inseparables, Jack y Jim, que se alistaron juntos. Pasaron juntos por el campamento de instrucción y participaron en su primer combate juntos. Al final libraron muchas batallas el uno al lado del otro, en trincheras inundadas del hedor de la guerra. Durante uno de los ataques, Jack recibió una herida grave en un campo rodeado de alambre de espino. El área estaba sometida a un intenso fuego enemigo, e intentar un rescate sería un suicidio. Pero Jim decidió intentarlo.

Sin embargo, antes de que Jim pudiera salir de la trinchera, el sargento le agarró y le hizo quedarse, ordenándole que no saliera. "¡Es demasiado tarde! No puedes ayudarle en nada. ¡Solo conseguirás que te maten!". Jim esperó unos minutos, pero cuando el sargento le dio la espalda, salió de un salto de la trinchera, consumido por la lealtad hacia su amigo.

Pocos minutos después, Jim estaba de vuelta en la trinchera, herido mortalmente y con su amigo, ya fallecido, entre los brazos. El sargento gritó, furioso: "¡Qué desperdicio! Él está muerto y a ti te falta poco. No valió la pena".

Casi con su último aliento, el soldado contestó: "Oh, sí que la valió, sargento. Cuando llegué a su lado, pronunció solo cuatro palabras: 'Sabía que vendrías, Jim'".

Eso es amistad. Y usted no será amigo a menos que esté presente junto a alguien cuando esa persona atraviese momentos difíciles. Eso es lo primero que hizo Jonatán; acudió a David. ¡La presencia! Pero hay una segunda cosa:

2. SUS ORACIONES

Un amigo bíblico le sostiene *orando con usted* cuando usted tropieza. Samuel nos dice que Jonatán no solo acudió a David, sino que "fortaleció su mano en Dios" (1 S. 23:16). La Nueva Traducción Viviente lo traduce "lo animó". El texto hebreo coincide con la Reina-Valera. Dice, literalmente, que "fortaleció su mano en Dios". ¡Vaya! David era un gran hombre de Dios, autor de la mayoría de los salmos, un hombre conforme al corazón de Dios (Hch. 13:22), y matador de gigantes. David era un hombre de fe poderoso. Fíjese que incluso los grandes hombres y mujeres de fe pasan por momentos en que su fe vacila.

David estaba dolido y desilusionado. Jonatán no se presentó con algunos comentarios insensatos ni consejos terrenales. Ayudó a David a llevar sus problemas al Señor. No le dijo: "Mira, David, tranquilo que mi papá recapacitará", ni tampoco "No te preocupes por esto, que no es tan malo como parece. Vamos a mirar el lado positivo mientras estás sentado aquí, en este bosque oscuro y húmedo, sin alimentos ni esperanzas a la vista".

A menudo, cuando vamos a servir a las personas, *no* hay nada que decir. La carga es demasiado grande; el dolor es demasiado intenso. Todo se concentra en la presencia y en la oración. Necesitamos a amigos que nos lleven a Dios, y tenemos que ser ese tipo de amigo para otros que se esfuerzan por cambiar. Con frecuencia, cuando tropezamos bajo la "mano poderosa", necesitamos a alguien más que nos ayude a orar al Señor. Imagino a Jonatán diciendo: "David, yo no puedo solventar esto, pero conozco a alguien que sí puede". Seguramente le rodeó los hombros con el brazo y dijo: "Tenemos que orar por esto. Debemos llevar esta situación delante del Señor".

¿Tiene usted un amigo o amiga así? ¿Tiene un amigo que respalde el proceso de cambio en su vida, que le insiste en que lleve la lucha ante el Señor en oración? No le pregunto si conoce a alguien que *podría* hacerlo; le pregunto si tiene algún amigo en su vida, ahora mismo, que le diga "¿Sabes una cosa? Tenemos que arrodillarnos ahora y llevar este asunto ante el Señor". ¡Qué triste es cuando otros cristianos a los que llamamos amigos nunca oran con nosotros! No tenemos nada espiritual en común, excepto el hecho de ocupar los mismos asientos en la iglesia los fines de semana. No hablan juntos de las cosas de Dios. Hebreos 10:24 dice que debemos "estimularnos al amor y a las buenas obras".

El resultado de estar en contacto con una amistad bíblica en oración debería ser un caminar más estrecho con Jesucristo, y una mayor pasión por Él. La amistad debería conducir al compromiso renovado de someterse a la influencia transformadora de Dios en su vida.

3. LA PROTECCIÓN DE LOS AMIGOS

Un amigo bíblico le sostiene cuando tropieza, *protegiéndole*. Jonatán dio seguridad a su amigo: "No temas, pues no te hallará la mano de Saúl mi padre" (v. 17). En otras palabras: "Tranquilo, que mi padre no te encontrará". David era una persona emocional. Para escribir el tipo de poesías que registró en el libro de los Salmos hay que ser emocional. No es difícil imaginar que, cuando vio cómo se acercaba Jonatán, David se preguntase si su amigo seguía siéndole fiel. No tuvo que esperar mucho para averiguarlo. Aparentemente Jonatán fue capaz de darse cuenta de que los ánimos de David estaban tocando fondo, porque le dijo rápidamente: "¡Ánimo! No tengas miedo. Mi padre no te encontrará. No voy a decirle nada. Tú relájate, que todo irá bien".

Cuando David escuchó esas palabras de apoyo, se fortaleció. No hay nada peor que un supuesto amigo que acude a vernos cuando estamos pasando por una crisis y dice: "Sí, ya *veo* por qué estás molesto. ¡A mí ella también me crispa los nervios!". O "Tienes todo el *derecho* de sentirte así". Cuando nuestro corazón es un tornado, lo último que necesitamos es a alguien que acuda con un ventilador. Eso no es amistad. La amistad bíblica nos ofrece palabras que protegen y respaldan nuestro estado emocional agitado durante las pruebas.

4. *SU LEALTAD PERSONAL*

Un amigo bíblico le sostiene cuando tropieza *confirmando su lealtad personal*. Jonatán dijo: "Tú reinarás sobre Israel, y yo seré segundo después de ti". Como si dijera: "David, te voy a describir tu futuro. Ya lo tengo todo previsto: tú serás rey, ¡no yo! Y ni siquiera te preocupes por si eso afectará o no a nuestra relación. Me conformo con ser el número dos mientras tú seas el número uno". No es de extrañar que David lo quisiera tanto.

Cuando tropezamos, necesitamos a amigos que nos protejan con una lealtad firme. Cuando usted lucha por cambiar, lo último que necesita es a alguien que se le ponga en contra cuando tropiece. En lugar de eso, necesitamos amigos leales que acudan en nuestra ayuda y nos respalden con su lealtad vivificadora.

No estoy seguro de quién escribió esta verdad, que encontré un día en un artículo, pero dice algo importante sobre el tema de ser amigos fieles:

> ¿Cuál es su reacción cuando critican a un amigo? Es posible que esa crítica tenga una parte de razón, pero la mayoría de las veces es unilateral e injusta. ¿Salta en su defensa preocupado porque otros se centren en sus puntos débiles en vez de en sus virtudes? No basta con decir después: "Oye, tal persona dijo esto sobre ti, pero no me lo creí". La verdadera pregunta es: ¿Lo refutó? ¿Centró la atención en los puntos fuertes de su amigo?

Eso es lealtad. Eso es protección. Al ser amigos bíblicos, ambos se sustentan mutuamente, y él le sostendrá cuando usted vacile.

Usted dice: "¡Deseo tanto cambiar!". Escuche: necesita ese tipo de amigos.

5. SU PROMESA

Un amigo bíblico le sustenta cuando usted tropieza al *confirmar la amistad con una promesa*. "Y ambos hicieron pacto delante de Jehová" (v. 18). Conozco a algunos hombres que dirían: "¡Pero eso es cosa de mujeres!, ¿no? ¿Dos hombres haciendo un pacto? ¿No es síntoma de debilidad?". ¡No, por supuesto que no! ¡Es una señal de fortaleza! Dos hombres que se apoyan entre sí, y uno admite: "Sin ti no puedo ser lo que Dios quiere que sea". Y el otro contesta: "¿Sabes una cosa? Sin ti yo tampoco puedo ser lo que Dios quiere que sea. ¡Te necesito de verdad! Cooperemos. Vamos a comprometernos el uno con el otro para ser los hombres que Dios quiere que seamos".

Eso es compromiso, y es el tipo de amistad comprometida que aporta poder al proceso de cambio.

Hace unos años leí lo siguiente. He intentado ser ese tipo de amigo, y he buscado amigos así, personas que puedan decir con total sinceridad:

> Hermano, quiero que sepas que estoy comprometido contigo. Nunca te causaré voluntariamente sufrimiento alguno. Nunca diré o haré nada para hacerte daño. En toda circunstancia intentaré ayudarte y apoyarte. Si estás abatido y puedo ayudarte, lo haré. Compartiré contigo todo lo que tenga que tú necesites. Y si tengo que hacerlo, te lo daré. Da lo mismo lo que descubra sobre ti, da lo mismo lo que pase en el futuro, ya sea bueno o malo; mi compromiso contigo nunca cambiará. No puedes impedirlo de ninguna manera, ni tienes que corresponderme. Te quiero, y eso es lo que significa el afecto. [Fuente desconocida]

Las palabras claves en este párrafo aparecen en la última línea: "Te quiero". El cambio no es fácil, y cuando queremos abandonar, aminorar la marcha, salirnos del camino o centrarnos en otros, Proverbios 17:17 dice: "En todo tiempo ama el amigo, y es como un hermano en tiempo de angustia". ¿Tiene usted esa clase de amigo que le ayude en el camino hacia el cambio, cuando se siente desanimado y quiere abandonar? Ruego a Dios que lo tenga, y si no es así, que encuentre a alguna persona, y que sea ese tipo de amigo o de amiga para los demás.

Veamos ahora la segunda parte de la amistad bíblica:

UN AMIGO BÍBLICO LE RETIENE CUANDO USTED SE DESCARRÍA.

No pensamos en esto con frecuencia, y quizá no nos apetezca hacerlo. Pero es cierto: un amigo verdadero nos retiene en ocasiones. Si es necesario, nos reprenderá, nos corregirá. Un amigo bíblico no solo nos sostiene cuando tropezamos, sino que *nos retiene cuando nos descarriamos*. Tropezamos debido a las presiones de la vida, pero cuando nos *alejamos* es debido a nuestro propio corazón malvado y rebelde.

En 2 Samuel 11 y 12, se describen los días más oscuros de la vida de David, cuando se alejó del Señor. David había seguido al Señor fielmente durante mucho tiempo, pero vio a una mujer casada, Betsabé, y la deseó. Agravó su error al acostarse con ella (después de todo, era el rey). Ella quedó embarazada, y él lo ocultó. Asesinó a su marido y ocultó esta traición durante más de un año.

Cuando leemos la historia, no podemos por menos que preguntarnos: "¿Dónde estaban los amigos de David?". Jonatán había muerto en batalla. ¿Dónde estaban los anunciadores de la verdad, que se adelantasen y le preguntaran: "Qué estás *haciendo,* en qué piensas, por qué destruyes tu vida"?

Parece ser que los presuntos amigos de David reaccionaron diciendo: "¡Espera! No seré yo quien se lo diga. Díselo *tú*". "De ninguna manera. Díselo tú." ¡Qué triste! Las cosas estuvieron así todo un año. La situación fue tan lejos que Dios mismo tuvo que buscar a alguien y enviarlo a David. Se trataba de un nuevo amigo, un profeta que le diría las cosas como eran: Natán.

¡Qué tragedia que David no tuviera ningún viejo amigo que detectase su pecado y acudiera a él antes de que se estrellara! En lugar de eso, "Jehová envió a Natán a David; y viniendo a él, le dijo…" (2 S. 12:1). Había algunas cosas que era necesario decir, y Natán estaba dispuesto a hacerlo.

CÓMO PUEDEN RETENERNOS LOS AMIGOS: HABLAR LA VERDAD CON AMOR

UNA HISTORIA BRUTAL CONTADA CON AMOR

Natán transmitió su mensaje bajo la forma de un relato. Puede leerlo en 2 Samuel 12, pero voy a intentar resumirlo. Natán se puso delante del rey David y le dijo: "David, deja que te cuente una historia. Había un hombre que tenía ovejas, muchas ovejas, rebaños enteros de ovejas, rediles llenos de ganado ovino hasta que ya no cabía ni una oveja más. Y había otro hombre que solo tenía una ovejita. El hombre que tenía tantas ovejas estaba paseando un día y al ver a la ovejita pensó: 'Esa también la quiero'. De modo que en lugar de contentarse con lo que tenía, fue y le quitó la ovejita al pobre hombre que trataba a su ovejita como a una mascota, y que la alimentaba con lo que él mismo comía. Simplemente le quitó la ovejita, quedándosela. (Y aquí está la trampa:) Y bien, David, ¿qué piensas de un hombre así?".

Y, como suele pasar cuando tapamos nuestro propio pecado, David se puso muy justiciero y dijo (usaré una paráfrasis): "'¡Voy a matar a ese tipo! ¡Que me lo traigan ahora mismo a palacio! ¡Voy a borrarlo de la faz de la Tierra!'".

Y Natán le miró fijamente a los ojos para decirle: "Tú eres ese hombre".

Estoy seguro de que en aquel momento se podría haber escuchado hasta el ruido de un alfiler al caer al suelo. Estaban presentes todas las personas que habían tolerado el pecado de David durante un año. Aquello sucedió en el patio público del palacio. Y todos susurraron: "¡No me creo que le haya dicho eso! ¡No me lo puedo creer! Ahora es cuando empiezan los problemas, ya verás. ¡Cuidado con el rey!".

Pero el profeta no se detuvo ahí. Natán pasó a pronunciar un juicio muy duro sobre David por su maldad. Detalló todas las consecuencias que podría esperar David, empezando con la muerte del niño fruto de su adulterio. (Vea los vv. 10-12, 14, para leer el castigo).

Todo el mundo esperaba para ver cómo reaccionaría David. En 2 Samuel 12:13-15 leemos qué sucedió después:

Entonces dijo David a Natán: Pequé contra Jehová. Y Natán dijo a David: También Jehová ha remitido tu pecado; no morirás. Mas por cuanto con este asunto hiciste blasfemar a los enemigos de Jehová, el hijo que te ha nacido ciertamente morirá. Y Natán se volvió a su casa.

Amados, esto es la amistad bíblica. Es tener a un amigo que nos diga la verdad para nuestro propio bien. La triste realidad es que la mayor parte de las personas que lean este libro carece ahora mismo de un amigo así. Muchas personas tienen un amigo que les sostiene cuando caen, pero no tienen a aquel que les retiene cuando se desvían del camino.

EXCUSAS QUE DAMOS PARA NO DECIR LA VERDAD CON AMOR

Frecuentemente creamos una variedad de excusas para no decir la verdad. Pensemos en todos los motivos que podría haber aducido Natán para no decirle la verdad a David.

- "Hay gente más cercana a él".
- "Perderé mi posición, o quizá mi vida".
- "Que sea Dios quien le hable".
- "Tengo miedo".
- "Lo haré más adelante, aún no nos conocemos bien".

En lugar de buscar excusas, a Natán le importaba David lo suficiente como para mantenerlo en su sitio y hacerle escuchar.

Respeto mucho esa actitud. Espero, y ruego a Dios, que yo sea este tipo de amigo para usted con este libro. Natán estuvo dispuesto a poner en riesgo toda la relación, para hacer que David llegase a una relación mejor con otros y con Dios. En la práctica dijo: "Puede que esta sea la última conversación que tengamos, pero al menos contendrá la verdad". Esta es la palabra clave: verdad. Cuando tropezamos, lo que necesitamos de una amistad es amor, y cuando nos apartamos, lo que precisamos es la verdad.

En una conferencia para pastores y sus esposas celebrada en Huntsville, Ontario (Canadá) en 1983, Howard Hendricks dijo: "Todo hombre necesita a alguien que le mire a los ojos y le diga 'No estás prestando atención a tu esposa'". Los hombres suelen responder: "Mi esposa ya me enderezará". Pues mire: cuando un hombre toma la decisión de descarriar su vida, su esposa lo pasará mal intentando que él cambie. Un hombre necesita a alguien muy fuerte, otro hombre, que le diga: "¡No, de eso nada! No vas a hacer eso con tu vida". Las mujeres también necesitan amigas que puedan ser sinceras con ellas.

La Biblia dice que todos caemos de muchas maneras. A veces tropezamos debido al peso de la vida, y necesitamos a un amigo que nos apoye y nos ame; otras veces nos descarriamos por nuestra propia rebelión, y necesitamos amigos que nos digan la verdad, que nos confronten con lo que hemos hecho y nos devuelvan al programa que tiene Dios.

MI TESTIMONIO RESPECTO A LOS AMIGOS SINCEROS

Todos nosotros necesitamos un amigo bíblico. Usted lo necesita y yo también. Cuando escribo estas líneas tengo 38 años, y en mi vida he hecho muchas cosas de las que me arrepiento, muchas de ellas después de convertirme en adulto. A pesar de eso, Dios me ha bendecido inmensamente, y en ocasiones me pregunto por qué. Un patrón frecuente que detecto es el siguiente: siempre he sido bendecido con amigos que pudieran decirme: "Espera un momento. Detente; me da igual lo que digas: te equivocas".

Estos amigos bíblicos nos mantienen firmes, nos piden responsabilidades. Déjeme hablarle de algunos de estos amigos. En la escuela secundaria, yo estaba muy alejado del camino. Pero tenía a un pastor de jóvenes, Marvin Brubacher, que me dijo la verdad. Habló conmigo en privado, y no le impresioné en lo más mínimo, y se limitó a decir: "Las cosas son así…".

En la universidad, tuve a un decano llamado Doug Schmidt que supo retenerme cuando yo era difícil de gobernar, y cuyo objetivo era alcanzar lo máximo y lo mejor que Dios quería para mí. Creyó en mí cuando otros no lo hicieron (eso es "sostener"), pero también me dijo la verdad.

Cuando miro atrás a mi caminar con Cristo, en todos los momentos de cambio han estado esos amigos que me dijeron la verdad. Cuando nos mudamos a Chicago para que yo asistiera al seminario, siendo una familia de tres miembros en aquella gran ciudad, mi esposa fue esa persona para mí, en algunos aspectos clave. Kathy me dijo: "No creo que debamos hacer eso. No creo que esa sea la voluntad de Dios para nosotros".

Cuando fundamos la iglesia Harvest Bible Chapel hace más de diez años, dos hombres fueron (y siguen siendo) la fuente de la verdad en mi vida: Dave Corning, nuestro presidente de la junta de ancianos, y Rick Donald, mi pastor asociado. Son dos hombres que, en lugares tranquilos y en habitaciones privadas, me han ayudado a seguir el camino recto.

El poder de tener un amigo bíblico en mi vida me induce a formularle la pregunta directamente:

¿TIENE USTED UN AMIGO BÍBLICO?

Mientras escribo estas palabras, ruego a Dios que le muestre un punto de partida. Quizá ya cuente con amigos bíblicos o quizá estén a su alrededor, pero necesita cultivar este tipo de comprensión con ellos. Quizá necesite expresar con palabras su amistad y su significado, como lo hicieron David y Jonatán. Usted se ha esforzado mucho trabajando en el cambio, pero no logrará seguir adelante si no cuenta con el poder de la amistad bíblica.

Kathy y yo hemos intentado enseñar esto a nuestros hijos. Cuando nuestra hija pequeña, Abby, tenía ocho años, tuvo un problema con una de sus amigas de la escuela, que se mostraba demasiado posesiva con ella. Abby estaba muy irritada, de modo que le di algunos consejos y la envié a la escuela. Unos días más tarde, esa misma semana, llegó a casa muy emocionada y me dijo: "¡Papá, papá! ¡Tengo que contarte lo que ha pasado!". Al parecer, tuvo cierta confrontación con su amiga, que se enojó porque Abby estaba hablando con otra niña. Ella me dijo: "¡Papá, lo hice! La llevé aparte y le dije 'No puedo tenerte como amiga única. Tengo que ampliar mi círculo de amistades. Te voy a dar todo un día para que lo pienses'". ¡Me pareció estupendo! Era el poder que tiene la amistad bíblica para plantearle un problema a un amigo y ayudarle.

EL CAMBIO DURADERO

A lo largo del libro nos hemos centrado no solo en el cambio, sino *en el cambio duradero*. Este empieza, antes que nada y sobre todo, con la ayuda de Dios. Pero los amigos (genuinos, bíblicos) son instrumentos que Dios usará en su vida. ¿Quiere un cambio que perdure? Entonces haga estas tres cosas:

1. *Elija a un amigo comprometido con el cambio.* Usted no puede llegar donde Dios quiere que vaya a menos que se relacione con alguien que también quiera ser la persona que Dios quiere que sea. Es un proceso recíproco. El cambio se produce cuando hay una cooperación. Por tanto, elija a un amigo que esté comprometido para cambiar. Quede con él o ella y comparta su visión con esa persona. Pregúntele si está dispuesto a seguir adelante a largo plazo y si quiere ser todo lo que Dios quiere que sea.
2. *Repase el patrón bíblico para el cambio.* Use la hoja de resumen en "Manos a la obra", al final de este capítulo, para repasar junto a su colaborador/a la pauta bíblica para el cambio.
3. *Comprométase a aceptar la responsabilidad constante por el cambio.* Comparta su meta. Comparta sus observaciones sobre cómo le va a su amigo y sean responsables el uno ante el otro. Yo mantengo varias amistades de este tipo, bíblicas y responsables. Si no forma parte de un grupo pequeño, si no tiene ese tipo de amistades bíblicas, es posible que después de leer este libro pueda hablar mejor del tema, pero no seguirá cambiando. Vincúlese con algunas personas que puedan ayudarle a seguir adelante.

Gracias por leer este libro hasta el final. Espero que haya encontrado en sus páginas un mensaje transformador. Creo que es posible gozar de una vida transformada, porque la Biblia lo dice. Anhelo para usted esa relación personal con Jesucristo que conduce no solo al perdón de los pecados, sino, como nueva creación en Él, a una vida de victoria en la que usted se parece más y más a Jesús. Si sigue el proceso de cambio y accede al poder para cambiar que ha aprendido en estas páginas, experimentará la vida abundante que Jesús ha prometido.

"Yo he venido para que tengan vida, y para que la tengan en abundancia" (Jn. 10:10).

PREGUNTAS DEL MAESTRO

1. ¿Por qué es importante tener un amigo que le diga la verdad? ¿En qué sentido decir la verdad es una expresión de amor?
2. ¿Por qué a menudo hace falta una persona que desempeñe el papel de Jonatán en su vida (que le respalde con su apoyo) y otra para hacer el papel de Natán (que le haga responsable de sus actos)?

PREGUNTAS DEL PROFETA

1. ¿Qué le cuesta más, amar a sus amigos o decirles la verdad (lo cual *es* un acto de amor)? ¿Por qué?
2. ¿Qué precio debemos estar dispuestos a pagar si optamos por ser mensajeros de la verdad en nuestras relaciones? ¿Por qué a menudo en las relaciones se descuida la verdad? ¿Qué es lo más difícil que ha tenido que decirle alguna vez a un amigo?

PREGUNTAS DEL PASTOR

1. ¿Cómo ha usado Dios este libro en su vida?
2. ¿Qué ha aprendido que le ayudará a seguir progresando como ha hecho hasta este momento?

MANOS A LA OBRA

Dentro de los próximos diez días, ore y piense en alguien a quien quiera tener como amigo bíblico, alguien que pueda "sostenerle" y también "retenerle". Puede que busque dos o más amistades, dado que a algunas personas se les dará mejor respaldarnos con su apoyo y a otras hacernos responsables. (Vea la segunda pregunta de la sección Preguntas del maestro, más arriba).

Luego reúnase con su colaborador/a para comentar "El patrón bíblico para el cambio", que empieza en la página siguiente.

EL PATRÓN BÍBLICO PARA EL CAMBIO

PARTE 1: LA PREPARACIÓN PARA EL CAMBIO

1. "Saque la basura"
   Resumen: *El cambio genuino se consigue solo mediante la comunión con Dios, y empieza con el rechazo de todos los métodos de cambio egocéntricos.*

   Método incorrecto #1: El cambio de entorno (Lc. 15:11-19).
   Método incorrecto #2: El cambio a base de desenterrar el pasado (Gn. 45:8; 50:20).
   Método incorrecto #3: El cambio mediante el autodescubrimiento (Jer. 17:9-10).
   Método incorrecto #4: El cambio legalista (Ro. 7:7-9).
   Método incorrecto #5: El cambio monástico (Ro. 7:15-19).
   Método incorrecto #6: El cambio intelectual (Ro. 7:20-23, 25*b*).
   El cambio bíblico: Admítalo: El problema soy yo (Ro. 7:24).
   Vuélvase: Solo Dios puede cambiar el corazón (Ro. 7:25*a*).

2. "Apúnteme"
   Resumen: *Para que se produzca el cambio en nuestra vida, debemos cooperar plenamente con el deseo de Dios de transformarnos.*

   La trayectoria de Dios.
   El plan de Dios para el cambio empieza con la conversión (Mt. 18:3).
   El plan de Dios para el cambio prosigue con la santificación (1 Ts. 4:1-3*a*).

3. "Seamos concretos"
   Resumen: *Para que se inicie el cambio en mi vida, debo identificar una o dos cosas concretas que Dios quiera cambiar en ella.*

   Pida sabiduría a Dios con fe (Stg. 1:2-7).
   Él intenta cambiarme (vv. 2-4).

Dios me ofrece sabiduría sobre las cosas concretas (v. 5).
Dios sólo nos la mostrará si pedimos con fe (vv. 6-7).
Repase las listas bíblicas sobre cosas concretas de las que
revestirse o despojarse (Col. 3:5-15; Gá. 5:16-23).
Identifique sus propias áreas de necesidad (Ro. 14:10-12).
Confiese su pecado a un amigo (Stg. 5:16).
Exprese al Señor su voluntad de cambiar (1 Jn. 5:14-15).

PARTE 2: EL PROCESO DEL CAMBIO

4. "Primer paso: El arrepentimiento"
   Resumen: *El verdadero arrepentimiento es el primer paso de todo
   cambio, pero no resulta fácil.*

   El arrepentimiento no es fácil (2 Co. 7:9-10).
   A veces el arrepentimiento es imposible (He. 12:16-17).
   ¿Cómo me arrepiento? (Lc. 15:17-21).
   ¿Cuáles son los frutos/los resultados del arrepentimiento?
   (Lc. 3:8; Hch. 26:20).

5. "Segundo paso: Ahora puedo elegir"
   Resumen: *Nunca podré ser distinto a menos que crea de todo corazón que el pecado ya no tiene poder sobre mi vida, que
   estoy muerto al poder del pecado gracias a mi relación con
   Cristo.*

   Creer que en Cristo estoy muerto al pecado (Ro. 6:1-7).
   Estoy muerto al pecado: La gracia de Dios lo exige (vv. 1-2).
   Estoy muerto al pecado: La victoria de Cristo lo garantiza
   (vv. 3-5).
   Estoy muerto al pecado: Mi experiencia lo confirma (vv.
   6-7).

6. "He muerto a eso"
   Resumen: *Para que se produzca un cambio en nuestra vida, debemos aplicar el poder de nuestra identificación con Cristo
   en el punto exacto de la tentación.*

El poder del pecado queda destruido, de una vez y para siempre. Créalo (Ro. 6:8-10).

Vivir para Dios es un proceso diario. Elija hacerlo (vv. 10-12).

La victoria sobre el pecado es un instante tras otro. Admítalo (v. 11).

7. "Señor, soy tuyo"
   Resumen: *La victoria se alcanza cuando nos ofrecemos a Dios momento tras momento.*

Usted siempre es esclavo de alguien (Ro. 6:15-16).
Es una victoria, no una esclavitud (vv. 17-19).
    Exige una elección.
    Sucede momento a momento.

TERCERA PARTE: EL PODER PARA CAMBIAR

8. "La fuente del poder"
   Resumen: *Para que tenga lugar el cambio en la vida, debemos acceder al poder de Dios para cambiar, admitiendo que no tenemos fuerzas propias.*

La vida agotadora (Ro. 7:15-19).
La vida intercambiada (Ro. 7:24-25).
La vida con poder (Ro. 8:1-13).
Fortalecidos por el Espíritu Santo (Ro. 8:2-5, 8-11, 13).
    Ser llenos del Espíritu es ser controlados (Ef. 5:18).
    Obstáculos para la plenitud del Espíritu.
        1. Entristecer al Espíritu Santo (Ef. 4:30).
        2. Apagar al Espíritu Santo (1 Ts. 5:19).
        3. Rechazar al Espíritu Santo (1 Ts. 4:3-8).
    Cómo ser llenos del Espíritu.
        1. Confesar todos los pecados conocidos (1 Jn. 1:9) .
        2. Pedir (Lc. 11:9-13).
        3. Creer (Mr. 11:24).

9. "El poder de la fe"

Resumen: *Experimentamos el cambio personal solo cuando ponemos nuestra fe en la verdad de la Palabra de Dios; el mero conocimiento de la Palabra no basta.*

Vivir para Cristo no es difícil, es imposible (Ro. 8:8).

El Espíritu de Dios es nuestra única fuente de poder (Ro. 8:9-11).

Nuestra fe es el interruptor (He. 4:2).

La fe es esencial (Antiguo y Nuevo Testamentos).

La fe es práctica (Mt. 4:1-11).

Cómo aumentar su fe.

Crea que su fe puede aumentar (Ro. 12:3).

Exponga su mente a la Palabra de Dios (Ro. 10:17).

Practique la oración genuina (Lc. 22:32).

10. "El poder de las amistades bíblicas"

Resumen: *Si quiere experimentar un cambio duradero, debe entender el poder de la amistad bíblica y acceder a él.*

Un amigo bíblico le sostiene cuando usted tropieza (1 S. 23:16-18).

Un amigo bíblico le retiene cuando usted se descarría (2 S. 12:1-15).

El cambio duradero es fruto de hacer tres cosas.

Elegir un amigo comprometido con el cambio.

Repasar el patrón bíblico para el cambio.

Comprometerse con la responsabilidad constante por el cambio.

¡ALCE LA VISTA!

Querido Padre celestial:

Gracias por las cosas que me has enseñado. Gracias por las maneras en que me has cambiado. Deseo que cumplas tu obra de transformación más profunda en mí. A medida que sigo cambiando y me conformo gradualmente a la semejanza de Cristo, no permitas que abandone el proceso.

Te pido que tu poder transformador obre en mi corazón y en mi mente para asemejarme más a Jesús mientras viva en este mundo. Te ruego que me ayudes a ser auténtico, sincero y transparente con otros. Haz que yo busque y conserve amistades, para que podamos ayudarnos los unos a los otros, y fortalecernos en ti. Dame el valor y la fe necesarios mientras practico estas verdades y las comparto con aquellos a los que amo.

Te lo ruego en el nombre precioso de Jesús. Amén.

CINCO PROMESAS *de* **DIOS PARA TIEMPOS DIFÍCILES**

JAMES MACDONALD

Después de escudriñar la teología de las promesas de Dios, el pastor MacDonald revela cinco categorías principales de promesas en la Biblia y las cinco áreas sobre las que Dios hace promesas reiteradamente. Desde qué hacer con el miedo y la duda hasta la bondad de Dios, su ayuda, y la victoria en Él, la Biblia tiene mucho que decir acerca de la presencia de Dios en medio de nuestras dificultades.

ISBN: 978-0-8254-1834-1

Disponible en su librería cristiana favorita o en www.portavoz.com

La editorial de su confianza

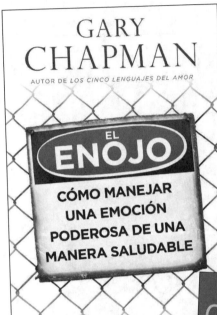

Reconocido autor y experto en relaciones humanas, el Dr. Gary Chapman nos ofrece útiles "y a veces sorprendentes" perspectivas de por qué usted se enoja, qué puede hacer al respecto y cómo usarlo de una manera constructiva. Incluye una guía de 13 sesiones para fomentar el debate, perfecta para grupos pequeños.

ISBN: 978-0-8254-1193-9

Necesitamos la ayuda de Dios... ¡y rápido! Deborah Smith Pegues, especialista en comportamiento humano y autora de *Controla tu lengua en 30 días* (con más de 280.000 copias vendidas), ofrece a los lectores una guía de oración para momentos de crisis que cubre todas las circunstancias y necesidades de la vida actual.

ISBN: 978-0-8254-1792-4

Disponibles en su librería cristiana favorita o en www.portavoz.com

La editorial de su confianza

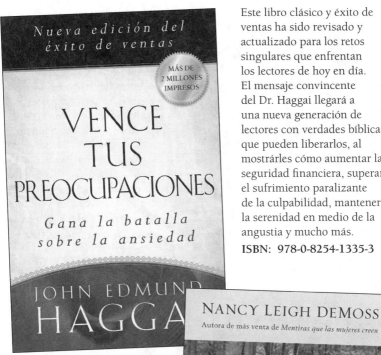

Este libro clásico y éxito de ventas ha sido revisado y actualizado para los retos singulares que enfrentan los lectores de hoy en día. El mensaje convincente del Dr. Haggai llegará a una nueva generación de lectores con verdades bíblicas que pueden liberarlos, al mostrárles cómo aumentar la seguridad financiera, superar el sufrimiento paralizante de la culpabilidad, mantener la serenidad en medio de la angustia y mucho más.

ISBN: 978-0-8254-1335-3

La distinguida maestra Nancy Leigh DeMoss ahonda en la Palabra de Dios para descubrir las promesas y exponer los mitos acerca del perdón. Este libro aborda las estrategias para poner la gracia y misericordia de Dios en práctica, para que podamos perdonar a otros como Dios nos ha perdonado a nosotros.

ISBN: 978-0-8254-1188-5

Disponibles en su librería cristiana favorita o en www.portavoz.com

La editorial de su confianza

RESUELVA SUS CONFLICTOS

CÓMO ESTABLECER RELACIONES SALUDABLES

DR. ALAN GODW

Aprenda a evitar los conflictos con los demás y manejar los encuentros difíciles de forma constructiva. No importa cuánto ame, le simpatice o quiera llevarse bien con alguien, tarde o temprano tendrá un desacuerdo con esa persona. Como resultado de años de consejería a individuos y parejas, investigaciones y sabiduría bíblica, Alan Godwin ha elaborado un análisis fácil de entender acerca de los conflictos "buenos" y "malos".

ISBN: 978-0-8254-1281-9

Muchas de las personas que parecen vivir en libertad son controladas en secreto por una compulsión. La adicción es un problema que crece rápidamente entre cristianos y no cristianos por igual. Incluso los comportamientos socialmente aceptables, como ir de compras, comer, trabajar, jugar y hacer ejercicio, pueden tomar control de su vida sin darse cuenta. Psicólogo clínico David Hawkins rompe el silencio con esta esclarecedora exposición de las adicciones que controlan a las personas todos los días.

ISBN: 978-0-8254-1295-0

¡Acabe con las *adicciones* cotidianas!

PONGA FIN A ESOS MALOS HÁBITOS QUE LE CONTROLAN

Dr. David Hawkins

Disponibles en su librería cristiana favorita o en www.portavoz.com

La editorial de su confianza